KEEP GOING

KEEP GOING

킵고잉

GOING

주언규(신사임당) 지음

21세기북스

나는 돈을 벌기로 결심했다

안녕하세요. 신사임당으로 활동하고 있는 주언규입니다.

많은 분들이 저에게 묻습니다. 당신이 부자냐고, 무슨 자격으로 돈 얘기를 하느냐고 묻습니다.

저는 지금 부자가 아닙니다. 그렇지만 부자가 될 것입니다. 돈을 벌고, 아끼고, 투자하는 것을 멈추지 않을 것입니다. 경쟁자를 맞닥뜨리고, 위기에 봉착하고, 성과가 없는 것처럼 느껴지는 하루하루가 거의 매일 반복되고 쌓여가더라도 말입니다.

어떤 사람들은 돈을 벌고 그 경험을 공유하면 이제 끝물이라고 합니다. 돈을 벌기 전에 아이디어와 계획을 말하면 그걸로 돈을 벌어봤냐고 손가락질합니다. 돈을 벌고 있다고 말하면 그것은 너한테만 해당하는 것이라고 합니다. 어떤 순간에 돈 얘기를 하더라도 지적을 피할 수 없습니다.

그래서 저는 이 책을 준비하는 동안 숨고 싶은 마음을 주체할 수 없었습니다. 매일 밤 불면증에 시달리며, 내가 정말 끝물이라서 공개한 것일까, 내가 돈을 덜 벌고 말하는 것일까, 내가 곧 망하는 것일까, 너무 어려운 방법 또는 나에게만 해당하는 이야기를 하고 있는 것일까 하는 생각을 멈출 수가 없었습니다. 저를 그런 사람이라고 하니 실제로 그런 사람이 된 것 같은 생각에 빠져들었습니다. 그리고 오늘 저를 사로잡고 있는 이 음침한 생각들에 맞서보기로 결정했습니다.

저는 앞으로도 돈 이야기를 할 것입니다. 우리는 돈을 벌 것입니다. 평범하고 아무것도 아닌 것처럼 느껴지는 삶, 출퇴근하고 스트레스를 받고 어제와 비교했을 때 아무것도 변하지 않는 것 같아도, 결국 우리는 돈을 버는 방향으로 나아갈 것입니다.

다른 사람과 비교하지 않고, 오늘도 묵묵히 하루를 쌓을 것입니다. 멘탈이 무너져도 계속해서 '킵고잉' 할 것입니다.

돈이 세상의 전부가 아니라고 훈계하는 메일을 보내거나 댓글을 다는 분들이 아직도 종종 있습니다. 돈이 최고의 가치라고 생각하지 않습니다. 가족, 목숨, 건강, 행복 등 돈보다 앞서는 가치가 많다고 생각합니다. 저는 돈보다 가치 있는 것들을 지키기 위해서 돈을 벌기로 결심했습니다.

돈을 더 벌어서 돈이 소중한 가치들에 우선하지 않도록 할 것입니다. 우리 가족이 돈 때문에 다른 소중한 가치를 포기하는 일이 없도록 할 것입니다.

성실, 도전, 근면, 창의, 실천 같은 한물간 단어에서 먼지를 털어냅시다. 우리의 성실함을 비웃고 도전을 조롱하며 근면을 무시하는 삶을 경계할 것입니다. 창의적인 생각으로 문제를 해결하고 계획한 삶을 실천하는 사람들의 이야기를 전할 것입니다.

'킵고잉' 합시다. 지칠 때마다 서로를 응원합시다. 저는 그런 공간을 만들기 위해 최선을 다할 것입니다. 적은 돈을 버는 사람을 조롱하지 말고, 많은 돈을 버는 사람을 시기하지 맙시다.

묵묵히 오늘도 어제보다 부자 되는 삶을 삽시다.

독자분들께
2020년 7월
주언규(신사임당) 올림

CONTENTS

머리말 나는 돈을 벌기로 결심했다 —————————— 005

1

침몰하는
삶을 멈추는 방법

스스로 망가지는 것을 멈춘 순간 —————————— 017

열심히 살았더니 인생이 최악이 됐다 —————————— 021

성공은 운이다 —————————————————— 024

돈 버는 인생의 특징 ——————————————— 027

'수저'란 무엇인가 ———————————————— 030

열정회의론자 ————————————————— 032

0%만 아니면 된다 ———————————————— 035

2

망가진 것은
고칠 수 있다

게임 중독에서 벗어나는 방법 ———————————— 043

월 200만 원의 굴레를 벗어난 과정 ———————————— 046

불운한 결정의 3가지 공통점 ———————————— 049

이기적으로 사는 법 ———————————— 053

그릇이 작은 사람도 잘살 수 있다 ———————————— 058

퇴사하고 알게 된 것들 ———————————— 063

신입사원일 때 몰랐던 것들 ———————————— 072

3

저는 작게
시작해도 괜찮은데요

단군 이래 가장 돈 벌기 좋은 시대 ———————————— 079

목표를 달성한 경험 ———————————————————— 083

주식투자를 그만두고 사업을 시작한 이유 ——————— 086

네가 월 1,000만 원을 벌겠다고? —————————————— 093

스스로 타석에서 내려오지 말자 ——————————————— 099

제로베이스에서 다시 시작하는 법 ———————————— 103

단순한 게 낫다 ——————————————————————— 106

복잡하게 돈 모으는 법 ——————————————————— 109

원금보장형 사업을 하는 법 ————————————————— 112

돈에 미친 사람 ——————————————————————— 115

4

나는
내가 먹여 살린다

쇼핑몰 하지 마세요 ——————————— 121

어차피 잃어도 100만 원 ——————————— 126

돈이 모이는 구조 ——————————— 131

장사의 문, 누구에게나 열려 있다 ——————————— 135

처음부터 걷는 아기는 없다 ——————————— 138

인맥이 없어도 성공할 수 있다 ——————————— 143

장사를 시작하고 처음 겪은 일 ——————————— 147

온라인 쇼핑몰의 현실 ——————————— 151

상품에 매달릴 필요는 없다 ——————————— 154

고객의 혹평은 성장을 위한 빅데이터 ——————————— 157

최고의 무기는 유연성 ——————————— 160

돈은 판매에서 벌린다 ——————————— 164

광고는 양날의 칼 ——————————— 168

사업과 사기는 한 끗 차이 ——————————— 172

5

생각, 결정,
행동

인생은 한 번만 산다 —————————— 179

결정의 속도는 지갑에서 나온다 —————— 181

똑똑한 사람이 게으른 이유 —————————— 185

지금 당장 시작하는 방법 —————————— 189

실패해도 다시 일어서는 법 —————————— 191

만만한 사람들이 가진 최고의 무기 ————— 197

열정은 돈이 안 된다 —————————————— 200

해야 할 일이 너무 많을 때 —————————— 204

자유, 돈으로 산다 —————————————— 207

내 방식의 재테크 ——————————————— 212

내가 절약하는 이유 —————————————— 216

포기를 포기하는 법 —————————————— 220

6

신사임당의
유튜브 성장 방정식

신사임당 탄생기 ———————————— 227

감정을 타기팅하라 ———————————— 230

채널을 키우는 방식 ———————————— 234

기회비용을 머릿속에서 지우자 ——————— 239

당신만의 길을 걸어라 ——————————— 243

흔들리되 뽑히지 않는 잡초처럼 —————— 245

맺음말 _ 오늘도 나는 부의 서행차선을 달린다 ————— 248

1

침몰하는

삶을

멈추는 방법

실패하면 어떻게 해야 할까?
다시 50만 원짜리 시도로 채우면 된다.

스스로 망가지는 것을
멈춘 순간

내 삶의 방향이 바뀐 결정적인 순간은 삶이 영화처럼 단절된 신scene으로 이루어져 있지 않다는 것을 깨달았을 때였다. 이전까지는 어떤 시점이 되면 무언가 나에게 뚝 떨어지는 영화적 반전이 있을 거라고 믿었다.

하지만 취업이라는 관문을 운 좋게 통과한 이후에 삶의 목표를 잃어버렸다. 다시 취업 이전의 삶으로 돌아가고 있었다. 회사에서 20~30년 매일 똑같은 삶을 반복하다 은퇴하고 늙어갈 것이라는 생각이 들었다. 거의 매일 같은 업무를 하고 퇴근 후 게임과 텔레비전 프로그램, 인터넷 웹툰에 빠져 살았다. 그래도 5년 뒤, 10년 뒤의 내 모습이 긍정적으로 달라져 있을 거라는 망상에 사로잡혔다. 그때가 되면 무엇인가 다른 모습으로 살고 있겠지, 지금보다 더 나은 삶을 살고 있겠지, 이런 안일한 긍정에 빠져 현실에 눈을 감고 살았다. 그러나 5년 가까이 지났는데도 어제의 나와 오늘의 나는 똑같았다. 그나마 다행인 것은 이때 인생은 낭비했지만 돈을 낭비하지 않았다는 것이다.

지금 움직이지 않으면 미래도 지금과 다를 바 없다는 단순한 사실을 왜 외면했을까? 왜 나는 하루를 소모하지 못해서 안달이 난 사람처럼 인생을 낭비하며 살았을까?

나는 변화하기로 했다. 삶에서 무의미한 시간을 줄이고 조금이라도 더 나은 것들을 채워보기로 했다. 아침에 일어나서 씻고 밥 먹고 출근하고 퇴근하고 게임하다 잠드는 일상에서 의미 있는 행동과 의미 없는 행동을 구분해보기로 했다. 알고 보니 내 인생은 무의미한 것들로 가득 차 있었다.

처음에는 무의미한 행동을 하느니 아무것도 하지 않고 가만히 있기로 했다. 한동안 시간을 허비하듯이 그냥 흘려보냈다. 잘못된 방향으로 가고 있는 삶의 궤도를 바꾸기 위해 일단 멈췄다. 무엇인가를 하는 것보다 하지 않는 것을 선택했다. 부정적인 행동들을 멈추자 삶이 텅 비어버렸다.

그렇게 한 달쯤 지낸 뒤 아주 작은 시도를 해보기로 했다. 처음에는 정말 어려웠다. 뭔가를 시도하고자 마음먹을 때마다 이렇게 해서 뭐 하냐는 회의감이 들었다. 이전으로 다시 돌아가고 싶은 생각이 자꾸만 들었다. 눕고 싶고 컴퓨터를 켜고 싶었다.

모든 것이 귀찮고 게으른 생각들이 대부분의 순간들을 장악했다. 그래서 조금이라도 긍정적인 생각과 의욕이 생겼을 때 나아가야 할 방향들을 바탕화면에 적었다. 게으르고 정신력이 약했던 나는 의욕적인 상태가 일주일을 통틀어서 두어 시간도 되지 않았다. 이 시간에만 판단을 하고 나머지 대부분의 시간에는 판단을 하지 않았다. 죽도록 하기 싫었지만 바탕화면에 적어놓은 것들을 느릿느릿 아주 천천히 시도했다.

도전이라고 하기에도 창피한 시도들을 하나둘 채워가면서 삶의 방향이 아주 천천히 변하기 시작했다. 하지만 귀찮다는 생각은 여전했다. 지금도 나는 대부분의 일들이 귀찮고 움직이기 싫고 그냥 누워 있고 싶다. 그렇게 긍정적인 변화를 경험했는데도 나는 여전히 게으르다.

영화 <메멘토>의 주인공처럼 의욕적인 상태로 돌아올 때마다 바탕화면의 메모장에 목표를 한 문장씩 적었다. 대부분 돈, 그리고 돈을 버는 방법에 관한 것이었다. 다음 날 메모장을 보면 도저히 이룰 수 없는 것들이었다. 포기하고 싶은 생각이 더 강했지만 일단 도전해보기로 했다. 그 결과 내 삶에서 가장 고통스러운 순간을 맞이하게 됐다.

열심히 살았더니
인생이 최악이 됐다

30년 동안 모은 4,000만 원을 가지고 처음으로 장사에 도전했다. 회사를 다니면서 시간을 쪼개 틈틈이 준비했다. 부족한 돈은 동업자를 만나서 해결했다. 자영업을 하려면 모든 것을 걸어야 한다고 생각했다. 회사를 다니면서 하려니 시간이 턱없이 부족했고, 한 달 정도 준비할 시간을 벌기 위해 과감히 이직을 했다.

10명 중 9명은 망한다는 자영업을 준비하면서 잠도 거의 안 자고 혼신의 힘을 다했다. 내가 가진 모든 리소스resource(가용할 수 있는 자원)를 쏟아부어야 했기에 임신한 아내를 제대로 돌봐

주지도 못했다. 이때까지 우리 가족은 반지하에 살고 있었다. 평생 모은 돈과 내가 가진 모든 능력을 투입하고, 이직을 해서 쥐어짜낸 시간까지 모두 갈아 넣었다. 그 결과는 매달 400만 원가량의 적자였다.

동업자의 돈 4,000만 원을 합해서 8,000만 원을 모두 보증금과 인테리어에 쏟아부은 상황이었다. 우리는 매달 각자 200만 원씩 메워나갔다. 나는 회사에서 받은 월급으로 그 비용을 충당했다. 하지만 결국 동업자와 나는 인간의 밑바닥을 보이면서 싸웠다. 회사를 다니고 있었던 나는 아내 명의로 장사를 시작했다. 그런데 동업자는 나 몰래 아내를 법무사 사무실로 데려가서 본인이 투자한 4,000만 원의 원금을 변제한다는 공증을 받았다.

빚을 내서 동업자에게 4,000만 원을 돌려주고 나니 더 고통스러운 날들이 계속됐다. 이때 중요한 것 한 가지를 배웠다. 소중한 것을 지키기 위해서는 돈이 필요하다는 것이었다. 빚더미에 앉은 데다 매달 월세로 500만 원이 나갔다. 덜컥 사업을 시작한 나 자신이 너무 미웠다.

아내의 헌신이 없었다면 그때 모든 것을 포기했을 것이다. 아내는 임신 중인데도 인건비를 줄이기 위해 가게에 나와서 일했다. 나도 퇴근하면 곧장 사업장으로 갔다. 사업은 원래 이런 것이라고 생각했다. 텔레비전에 나오는 성공한 사람들이 자전적으로 이야기하는 것처럼 목표를 향해 헌신하는 열정적인 삶, 이것이야말로 사업에 성공하기 위해서 치러야 하는 대가라고 생각했다. 10명 중 1명만 성공한다는 자영업 시장에서 그 10%의 벽을 뚫는 필수 조건인 줄로만 알았다. 궁지에 몰려서야 온라인 광고와 마케팅을 공부했고, 지옥 같던 사업을 돌려세울 수 있었다. 그 과정에서 배운 것이 있다. 잘되는 건 운이구나.

성공은
운이다

10명 중 9명이 망한다면, 열 번 이상 도전할 수 있는 자본력을 갖춰야 했다. 그 한 번의 성공이 수십 번의 실패를 만회할 수 있는 일을 했어야 했다. 4,000만 원이 있었다면 40만 원짜리 게임을 백 번 한다는 자세로 도전했어야 했다. 실패도 계획에 포함했어야 했다.

주사위를 한 번 던져서 3이 나오면 10억 원을 벌고, 나머지 숫자가 나오면 1억 원을 잃는 게임이 있다고 하자. 여섯 번 중 다섯 번은 망하지만 횟수가 늘어날수록 돈을 버는 게임이다. 전 재산이 1억 원이 안 되는 사람은 이 게임을 할 수조차 없다. 빚을 내서 1억 원을 마련한다 하더라도 단 한 번에 모든 운을 걸고 기도하는 수밖에 없다.

주사위를 한 번 던져서 3이 나오는 것은 우연이다. 하지만 주사위를 던지는 횟수가 늘어날수록 그것은 필연의 영역으로 바뀐다. 이런 게임들이 도처에 있다. 부자는 점점 부자가 되고 그들의 도전과 성공은 스포트라이트를 받는다. 운과 특별한 결단력과 행동력을 가진 사람들의 성공 스토리가 가난한 사람들에게는 일종의 신화로 자리 잡는다. 인생은 한 방이라는 말을 금언처럼 여긴다. 가난한 사람 중에 엄청난 운을 타고난 사람만이 한 번 던진 주사위에서 3이 나오는 기적을 만난다.

나는 더 작은 사업을 했어야 했다. 평생 모은 돈을 쏟아붓고 억지로 쥐어짠 열정과 시간 그리고 체력을 갈아 넣는 대신, 더 작고 지속 가능하면서 운을 맞이할 확률을 필연에 가깝게 만들 수 있는 게임을 했어야 했다.

내가 쇼핑몰을 한 이유가 여기에 있다. 외모가 잘생겼거나, 말솜씨가 뛰어났다면, 운동이나 노래를 잘했다면, 아니면 뭔가 특별한 재능을 가지고 있었다면 당연히 원가를 들이지 않고 그것들을 파는 작은 게임을 시작했을 것이다. 나는 아무것도 없었다. 그래서 다른 사람들이 만들어놓은 것들을 팔기 시작했다. 확고한 교환가치를 지니는 물건은 '누가 파느냐'의 차이가 없다. 온라인은 더 심하다. 강남에서 사든 강릉에서 사든 똑같은 아이폰이다. 이것이 공산품의 위력이라고 생각했다. 별다른 재능도 없고, 어떤 노하우를 습득하지도 못한 사람이 유일하게 선택할 수 있는 것이었다.

지난 시행착오를 생각하면서 작은 시도를 하기 시작했다. 예상대로 처음에는 실패했다. 계속된 실패에도 부담감이 없었다. 한 번의 시도에 수십만 원밖에 쓰지 않았기 때문이다. 그러다 돈이 벌리기 시작했다. 그때부터 멈출 수가 없었다. 바닥에 떨어진 돈을 발견하고 허리를 굽히지 않을 사람이 있을까? 그때부터 멈추지 않고 계속 길을 가게 된다. 게으른 내가 지금 이 글을 쓰는 원동력은 콘텐츠를 통해 '돈을 벌어본 경험'에 있다.

처음에는 영원히 할 수 있는 수준의 시도를 하는 것이 좋다. 성공하면 한 단계 높은 시도로 시간을 채우고, 실패하면 더 작은 시도로 시간을 채운다. 지금 수준을 지속하는 데 열정이 필요하다면 수준을 더 낮췄다. 나라는 사람은 인생 대부분의 순간에 열정이라는 감정을 가져본 적이 없다. 이런 사람들은 무엇을 시도해야 할까?

돈 버는 인생의 특징

공급을 시도하는 삶을 살면 돈이 벌리고, 소비를 시도하는 삶을 살면 돈이 사라진다. 아무것도 하지 않으면 아무 일도 일어나지 않는다. 다만 늙어갈 뿐이다.

공급을 하기 위해서는 손님이 있어야 한다. 매력이 넘치는 사람이나 상품 주변에는 손님이 넘쳐난다. 나 같은 사람의 주변에는 항상 손님이 없다. 그러므로 나는 손님(트래픽)을 부르기 위한 시도를 해야 했다.

무언가를 시도하자 나의 주변에 새로운 장애물이 나타났다. 지금까지는 잘해 왔지만 단 한 번의 실패로 모든 것을 잃게 될 것이라고 말하는 사람도 있었다. 지금 하고 있는 행동은 의미 있는 시도가 아니라며, 왜 미련한 짓을 하며 피곤하게 사느냐고 말하는 사람도 있었다.

'저 사람들은 내가 시도해서 성공하면 자기보다 앞서 나갈지도 모른다는 상대적 두려움 또는 시기심의 발로에서 저렇게 말하는 거야.'

스스로를 토닥이고 타인의 비아냥을 억지로 외면하면서 계속 시도했다. 그렇게 더 앞서 나가기 시작할 때는 실력이 있다기보다 꼼수를 부렸다거나 단지 운이 좋았다는 평가를 들었다. 너의 능력이 뛰어난 것이 아니라 동전 던지기를 잘했을 뿐이라고. 맞는 말이다.

운이 나쁘면 동전 던지기에서 백 번 연속 뒷면이 나올 수도 있다. 그러나 영원히 뒷면이 나오지는 않는다. 그래서 나는 무한한 실패에도 쓰러지지 않는 규모를 생각했다.

언제까지 해야 할까? 몇 번쯤 시도해야 할까? 이런 질문이 부질없다는 것을 알았다. 기댓값이 명확하다면 행운이 올 때까지 해야 한다.

다시 시도하는 데 필요한 것은 돈과 시간이다. 시간은 매일 24단위가 충전된다. 살아 있는 한 시간은 무한하다. 이제 남는 것은 무한히 할 수 있는 돈을 어떻게 공급받을 것인가 하는 문제다. 그래서 나는 월세 투자를 하기 시작했다. 지금은 월세로 매달 700만 원 정도의 수익을 얻고 있다. 월세 수익에서 생활비를 제외하고 매달 100만 원짜리 새로운 시도를 할 수 있다.

'수저'란
무엇인가

이렇게 무한히 공급받을 수 있는 돈의 크기가 바로 내가 생각하는 '수저'다. 밥이 아니라 기회를 떠먹는 '수저'인 것이다. 설득력 있는 기획서로 정책 자금 같은 나랏돈을 계속 받아낼 수 있는 사람에게 수저는 국가다. 누군가에게는 손정의 같은 투자자가 수저다. 멋진 프레젠테이션 능력과 비전을 논리적으로 펼 수 있는 사람들이다. 부유한 집안에서 태어난 사람들은 부모가 수저다.

그렇다면 나는 어떤가? 내 수저는 내가 만들어야 한다. 아등바등 사오천만 원을 모아 부동산에 투자해서 월세 50만 원을 받든, 주식투자로 배당을 받든, 그만한 규모의 사업을 하든 무한히 시도해야 한다.

직장 생활을 계속한다는 것은 인생의 대부분을 비교적 안전한 시도로 채우는 것이다. 그러나 한 번의 프로젝트 실수로 좌천될 수 있다. 일자리는 고용주의 무한 동전 던지기 중 하나이다. 무수한 운과 변수가 작용하는 것이 사업인데, 실패의 원인을 찾아 누군가에게 책임을 씌운다. 그 사람이 내가 되지 말라는 보장은 없다. 프로젝트는 계속 성공하더라도 줄 한번 잘못 서면 승진하기 어렵다.

회사에 다닐 때 임원은 공채 신입사원 중 1%만 될 수 있다는 이야기를 들었다. 나는 성과도 안 좋았고, 프로젝트도 실패했고, 성격도 나빴으며, 건강도 안 좋았다. 그래서 회사를 그만뒀다. 회사 생활의 줄타기를 잘하는 사람이라면 계속 다녀도 될 것이다.

어쩌면 그 얘기 덕분에 10명 중 9명은 망한다는 사업을 선택하기 쉬웠는지도 모른다. 1%보다 10%가 10배는 더 쉬워 보이지 않는가.

열정회의론자

나는 열정회의론자가 됐다. 내 인생에서 가장 고통스러웠던 순간은 열정을 믿을 때였고, 가장 소득이 높았던 순간은 행운을 믿을 때였다. 쇼핑몰의 상품 등록을 아프고 슬프고 우울한 날에 했다고 해서 안 팔리고, 행복하고 열정적일 때 했다고 해서 더 잘 팔리는 것이 아님을 확인할 때마다 열정에 대한 회의 감이 더욱 깊어졌다.

노동력이든 시간이든 돈이든 어떤 리소스의 투입량은 확신의 정도에 비례한다. 길에 떨어진 5만 원을 줍는다고 할 때 계속 주울 수 있다는 확신이 없다면 건강이 악화될 때까지 혼자 그 일을 할 것이다. 확신을 가지면 사람을 고용해서 월급을 주고 대신 주워 오게 할 것이다. 즉, 고정비를 올리는 선택을 한다.

긍정적 피드백이 거듭되어 확신 수준이 높아지면 욕심이 생겨서 자동적으로 리소스 투입량을 늘리게 된다. 반면 확신 수준이 낮은데도 열정 같은 리소스를 억지로 계속 투입하면 언젠가는 지쳐서 포기한다. 결국에는 확신 수준으로 리소스 투입량은 수렴한다.

열정이 아니라 피드백과 성공 경험이 더 많은 고통을 감내하게 만든다. 확신 없이 편안하게 지속할 수는 없다. 누군가가 계속 편안하게 많은 돈을 벌고 있다면, 그 사람은 자신의 고통을 대신 받고 있을 또 다른 누군가에게 감사해야 할 것이다.

긍정적 피드백의 연속으로 번 돈을 어디에 써야 할까? 수저를 업그레이드해야 한다. 50만 원짜리 수저를 500만 원짜리 수저로 바꾸는 것이다. 그다음에는 500만 원짜리 동전을 던진다. 이제 50만 원짜리 시도를 하나씩 내 삶에서 지우고 500만 원짜리 시도를 하나씩 채운다. 인생이라는 리소스는 유한하기 때문이다. 그러다 실패하면 어떻게 해야 할까? 다시 50만 원짜리 시도로 채우면 된다. 성공하면 전진하고 실패하면 후퇴한다.

나는 미천한 경험, 고통스러웠던 순간과 성과를 달성했던 순간의 감정과 경험을 유튜브를 통해 팔고 있다. 경험이 있기 때문에 파는 것이지, 팔기 위해 경험을 만든 것이 아니다. 다만 이런 방식을 선택한 것은 한 단위 생산을 늘려도 한계비용이 없는 매력적인 게임이기 때문이다. 이 책을 쓰는 이유도 비슷하다.

인생은 운이다. 자영업자의 90%가 망한다면 1천 번 할 수 있는 준비를 하고 뛰어들어야 한다. 열 번 연속 뒷면만 나올 준비를 미리 해야 한다. 나의 시도를 뒷받침하는 리소스가 줄어들 위기가 발생한다면 더 작은 게임으로 유연하게 변경한다. 비용이 더 낮은 게임으로 바꾸는 것이다. 이때 가장 위험한 것은 내가 지금 하고 있는 게임이 완전한 0%의 게임인지 아닌지 확인조차 하지 않는 것이다.

0%만 아니면
된다

0.1%의 확률이라도 있다면 1천 번 시도할 수 있는 방법을 고안하고, 더 확실한 승리를 위해 1만 번 할 수 있는 방법으로 시도하면 된다. 하지만 0%라면 시도하지 않아야 한다. 0%의 일인지 아닌지 확실히 알아야 한다.

내가 지금 옳은 길로 가고 있는지 확인할 수 있는 나침반이 필요하다. 내비게이션에 표시된 거리가 계속 짧아지고 있는지 확인해야 한다. 아무리 느리게 가고 있더라도 거리가 짧아지고 있으면 목적지에 도착하게 마련이다. 계속 거리가 늘어나고 있는데도 1천 번의 도전을 하는 것은 미친 짓이다.

쇼핑몰이 쉬운 이유는 지표를 제공하기 때문이다. 이러한 지표가 바로 나침반이자 내비게이션이다. 내 상품의 노출량이 늘어나고 있는지, 노출 중에 클릭이 발생하고 있는지, 그렇게 들어온 손님 중에 몇 명이나 물건을 구경했는지 전 과정이 지표로 제공된다. 그것만 봐도 목표에 다가가고 있는지, 이 길이 맞는지 알 수 있다. 예를 들어 구매 전환율에서 별다른 반응이 없다면 민감도가 훨씬 더 높은 유입량을 살펴보고 개선할 점을 발견할 수 있다.

초기 단계일수록 민감도가 높은 지표로 내 위치를 확인할 수 있다. 단계가 올라갈수록 더 높은 성과의 지표로 내 위치를 확인하면 된다. 0%가 계속되는 제로 피드백 상태이거나 지표가 악화되는 마이너스 피드백 상황이라면 방향을 빨리 바꿔야 한다. 내비게이션 목적지를 서울로 설정하고 달리는데, 거리가 계속 늘어나는 것을 보고도 방향이 잘못되었다는 생각을 하지 않고 서울이 멀어지고 있다고 생각하는 사람들이 많다. 목적지를 설정했다면 거리가 줄어드는지 계속 확인해야 한다.

이 책은 이러한 경험과 생각을 담은 이야기다. 사우디에서 원전을 수주하는 방법이나 스마트 기기를 개발하는 방법을 알려줄 수는 없다. 아직 내 수저가 거기까지 커지지 않았기 때문이다. 경운기를 타고 가는 나에게 엄청나게 비싼 로켓 연료 수천 톤을 준다고 해도 짐만 될 뿐이다.

내 이야기는 매달 1천만 원 이하의 돈을 버는 방법을 담은 것이다. 엄청난 부자가 되는 방법은 아직 찾지 못했고, 알지도 못한다. 그러나 30대의 평범한 사람은 이 방식으로 수저를 만들었고, 계속해서 그 수저를 업그레이드하고 있다. 우리나라의 30대 남자들을 표준정규분포표로 만든다면 나는 가장 불룩한 곳에 위치할 것이다. 어쩌면 평균 이하인지도 모른다. 고도성장기에 태어났다면 단체 생활에 적응하지 못하고 도태됐을 사람이다.

그런 사람도 수저를 만들 수 있는 시대다. 어쩌면 나중에 우리의 자식 세대는 이런 얘기를 할 수도 있다.

"그때는 중국에서 물건을 사다가 팔아서 돈을 벌었대. 어이가 없네. 옛날에는 유튜브라는 게 있었는데 영상을 업로드하고 돈을 벌었대. 아직 인터넷이라는 걸 쓰던 시대에는 블로그라는 게 있어서 코딩도 할 줄 모르는 사람들이 컴퓨터로 돈을 벌었대. 완전 꿀 빨던 세대 아냐? 꼰대들."

앞으로 경쟁은 더 치열해지고 양극화는 심해지며 정보 유통 속도는 더 빨라질 것이다. 바로 지금이 돈 벌기 가장 좋은 시대다. 앞으로 돈을 벌기가 더 어려워질 수 있다. 과거는 이미 지나갔고, 미래는 알 수 없다.

돈을 벌기 위해서는 지금 시간을 비우고, 그 빈 시간을 돈을 벌기 위한 시도로 채워야 한다. 억지로 열정을 끌어올리는 것이 아니라 확률과 기댓값을 알아내고 그에 따른 절차와 행동 순서를 만들어라. 정확히 알아낼 수 없다면 유추해야 한다. 당연히 유추한 결괏값에 대한 확신 수준은 더 낮을 것이고, 그렇다면 더 낮은 수준의 리소스를 투입하면 된다. 유추한 것이 맞다는 피드백을 얻는다면 리소스 투입량을 늘리면 된다.

너무도 귀찮아서 누워 있고 싶은 스스로에게 쪽지를 남겨라. 다음 날 일어났을 때 쪽지의 내용이 말도 안 되고, 할 수 없을 것 같고, 망상에 빠진 헛소리처럼 보일지라도 순서대로 실행하라. 그 쪽지는 자신이 가장 의욕적이고 똑똑할 때 남긴 것이니까. 힘든 일이라도 실행해보자. 어떤 결과든 나타날 것이다.

대부분의 시도는 귀찮고 하기 힘든 일이다. 유튜브 채널을 운영하면서 들은 얘기를 첨언하자면, 요리사는 돈을 벌기 위해 손에 흙과 피를 묻히고, 건물 청소업자는 똥도 치운다고 한다. 좋은 것은 소비자의 것이고 돈은 내 것이다. 그 돈이 나의 아픔과 불편을 해소해준다.

돈은 최고의 가치가 아니다. 돈이 언제나 최고의 가치를 가진다면 어떠한 교환도 발생하지 않는다(디플레이션의 무서움이 여기에 있다). 생수가 최고의 가치인 순간도 있고, 때로는 밥이, 때로는 밝은 빛이, 때로는 어둠이 최고의 가치일 때도 있다. 돈은 언제든 자리를 내어줄 수 있다. 돈은 어떤 것보다 낮은 위치에 놓일 수 있기 때문에 값어치가 생기는 것이다. 그 돈보다 더 낮은 위치에 있어야 그쪽으로 돈이 몰린다.

나는 돈 이야기를 좋아한다. 행복에 관한 이야기를 전하는 사람이 아니다.

2

망가진 것은

고칠 수

있다

EP GOING

"나는 지금 무엇을 중요하게 생각하는가?"
"나한테 지금 정말 중요한 일은 무엇인가?"

게임 중독에서
벗어나는 방법

"게임하고 알바 뛰면 한 달에 150만 원에서 200만 원은 벌 수 있어요. 먹고살 수는 있으니 신경 쓰지 마세요."

글로벌 금융위기로 취업난이 심각할 때 부모님에게 했던 말이다. 대학 졸업을 앞두고 학점은 2점대였다. 도무지 취업이라고는 할 수 없는 성적이었다.

아웃사이더였던 나는 게임에서 보상을 얻으려고 했다. 게임에서는 몇 시간 동안 24명을 이끄는 리더였던 것이다. 하지만 현실에서는 책상 위에 컵라면 용기와 담배꽁초가 탑처럼 쌓여 있는 게임 폐인이었다. 방송영상과를 다니면서 말로는 다

큐멘터리 감독이 되고 싶다고 떠들어댔다. 실상은 아무것도 하지 않고 하루 종일 게임만 하면서 말이다.

잘못된 방향으로 가고 있었지만 그러한 현실 자체를 외면했다. 나 자신을 똑바로 보기가 두려웠던 것이다. 그런데 내 위치를 한 번은 확인해야 다음 계획을 세울 수 있다. 과연 나는 어디에 서 있는가?

목적지가 서울시청이라고 하면 내 위치가 남대문일 때와 제주도일 때 가는 방법이 다르다. 삶이 엉망으로 느껴지고 고통스러울수록 자신의 위치를 객관적으로 확인하기는 쉽지 않다. 목적지는 서울인데, 나는 저 멀리 브라질이나 칠레에 있을까 봐 두렵기 때문이다. 그럼에도 지금 당장 확인해봐야 하는 이유가 있다. 첫째는 막상 확인해보면 생각보다 삶이 엉망은 아니라는 것이고, 두 번째는 내일보다는 오늘이 조금이나마 빠르다는 사실이다.

삶의 방향을 바꾸기로 결심한 순간 내 문제점을 노트에 적었다. 한 페이지를 빽빽이 쓰고 나니 내가 지금 어디에 있는지 보였다. 그러자 어디로 가야 할지 방향을 정할 수 있었다. 일단 취업부터 하기로 했다.

노트에 적힌 내 문제점 중에 당장 해결할 수 있는 것들부터 바꾸기 시작했다. 부족한 학점을 채우기 위해 5학년까지 다니게 됐고, 컴퓨터 본체를 중고나라에 팔고 게임을 할 수 없는 사양의 넷북을 장만했다. 영어 점수를 높이기 위해 공부를 하고, 각종 자격증을 하나씩 따기 시작했다. 그 시점부터 인생에 방향이 생겼고, 방향이 정해지자 변화하기 시작했다. 계속해서 제자리를 맴돌던 복잡한 삶의 실마리가 풀리는 것이 느껴졌다. 그렇게 200만 원만 벌면 된다던 게임 폐인 대학생이 취업이라는 것을 하게 됐다. 취업 이후에는 다시 제자리로 돌아갔지만.

월 200만 원의 굴레를
벗어난 과정

4년 정도 월급 200만 원을 ETF(특정 주가지수의 움직임에 따라 수익률이 결정되는 펀드)와 주식 등에 투자해서 3,000만~4,000만 원을 모았다. 이 돈에 동업자의 4,000만 원을 더해 총 8,000만 원으로 직장을 다니면서 부업을 시작했다. 이때 했던 사업이 렌탈 스튜디오다.

1호점을 만드는 과정에서 시간이 필요해 이직을 결심했다. 퇴사하고 다음 직장에 출근하기까지 잠깐의 공백기에 1호점을 개업하고 정비했다. 이직하고 4개월 뒤 1호점에서 월 1,000만 원 정도 매출이 생겼다. 1년 뒤에는 회사에서 받는 월급 이상의 순이익을 올리면서 2호점을 내고 퇴사를 선택했다. 직원을 충원해서 2호점까지 안정적으로 운영되자 남는 시간에 쇼핑몰을 시도하면서 3호점을 냈다.

이후 계속 실패하던 스마트스토어가 성장하면서 월 1,000만 원씩 추가 수익이 발생했다. 3개의 오프라인 매장에서 안정적인 이익이 생기면서 부동산에 대해 공부했다. 아파트에 투자하는 과정에서 유튜브를 시작했다. 사업을 하면서 알게 된 사실을 유튜브에 공유했고, 유튜브 수익이 월 1,000만 원을 넘어서게 됐다.

이 시점을 기준으로 스마트스토어보다 성장 기울기가 가파른 유튜브에 집중하기 시작했고, 현재 유튜브로 월 5,000만 원 정도 수익이 발생한다. 그러면서 2019년 12월, 손이 많이 가는 오프라인 매장 3개 점을 동시에 정리했다. 그리고 '클래스101'이라는 사이트에서 스마트스토어로 돈 버는 방법을 알려주는 강의를 론칭했고, 여기서 월 5,000만 원 정도 수익이 생겼다. 이때 그전에 공부했던 부동산 관련 지식을 바탕으로 그동안 번 돈을 합쳐서 대출을 끼고 36억 원짜리 건물을 매입했다. 그리고 남은 돈으로 주식과 달러를 매입해 자산 구성을 다변화했다.

이 과정에서 수많은 실패를 겪었다. 결과만 보면 내가 방향을 알고 실행한 것처럼 보이지만 모든 순간이 시도였고, 돌파구를 찾기 위해 계속 시도하면서 행운이 찾아오기 시작했다. 벽이 나타날 때마다 포기하던 시절에는 어떤 행운도 찾아오지 않았고, 당연히 내 삶이 불운하다고 생각했다.

불운한 결정의
3가지 공통점

내가 불운한 결정을 했던 순간을 돌아보면 몇 가지 공통점을 발견할 수 있다.

첫 번째는 조급함이다. 딱히 이유가 없는데도 스스로를 몰아붙였다. 조급한 상태에서 내린 결정이 좋은 결과를 가져오기 힘들다는 것을 알면서도 왜 그리 급했을까? 마음이 조급하면 판단력이 흐려지고 섣부른 결정을 내리게 된다.

나의 첫 번째 창업은 조급함의 결정체였다. 평생 모은 돈을 한 번에 쏟아부어야 한다는 사람도 없었고, 더 많은 준비를 하지 않을 이유가 없었다. 시간이 나의 편이 되도록 했어야 했다. 조급함을 느낄수록 여유를 갖고 모든 상황을 다시 바라볼 필요가 있다. 하나씩 요소를 분해해본 다음 모두 다 옳다고 생각됐을 때 해도 늦지 않다. 한 번만 더 살펴볼 걸 그랬다는 후회가 밀려오지 않도록 최선을 다해야 한다.

최선을 다한 뒤에 맞이하는 실패는 원인을 비교적 빨리 찾을 수 있다. 모든 요소에 최선을 다했기 때문에 내 손이 닿지 않은 곳이 어디인지 알 수 있다. 그러나 조급한 결정으로 망친 것은 내 손이 닿지 않은 곳을 찾기 힘들다. 그래서 실패 원인을 개선할 엄두도 나지 않는다. 어디서부터 잘못됐는지 파악조차 하기 어렵기 때문이다.

여유롭다는 것과 최선을 다한다는 말이 서로 맞지 않는 것 같지만 달리 표현할 방법이 없다. 여유를 두고 최선을 다해야 한다. 물론 빠르고 정확하게 모든 부분을 검토하고 결정하는 사람도 있다. 그 사람은 그 분야의 모든 요소에 대한 경험을 이미 충분히 갖췄을 것이다. 초보자가 베테랑을 좇아서 대충하면 나중에 탈이 난다. 스스로가 초보인지 베테랑인지 판단이 서지 않는다면 초보라고 생각하는 것이 낫다.

두 번째는 격앙된 감정이다. 좋은 감정이든 좋지 않은 감정이든 마찬가지다. 감정이 고조된 상태에서 내린 결정들은 대부분 후회로 이어진다. 나는 우울한 감정 때문에 주어진 기회를 포기하기도 했다. 또 반대로 무모한 용기에 고취되어 리스크 요인을 과소평가하고 과감한 시도를 하기도 했다. 나처럼 감정 기복이 심한 사람들은 아침에는 무엇이든 할 수 있을 것 같다가도 저녁이 되면 아무것도 할 수 없을 것 같다.

나의 첫 번째 창업은 순전히 감정에 의해 이뤄졌다. 계약하고 동업을 하고 인테리어를 하는 모든 과정이 감정에 휩쓸린 결정이었다. 자존심 때문에 한번 뱉은 말을 고집하다 어느 순간부터 돌이킬 수 없게 되었다. 내 리소스를 객관적으로 파악하지 못하고, 아내의 희생을 강요하면서 진행했다. 가게를 열고 손님이 없다는 현실을 처음으로 마주했을 때는 우울감과 나 자신에 대한 분노로 인해 아무것도 할 수 없었다. 조용히 감정을 누그러뜨리고 목표를 정리한 다음 해결책을 모색하고서야 나의 첫 사업은 자리를 찾았다.

어떤 결정을 내리기 전에 나 자신에게 이렇게 물어보자. "나는 지금 어떤 감정 상태인가?" 감정이 누그러지고 평온한 상태로 돌아갔을 때 다시 한 번 생각해보면 그리 심각한 상황이 아닐 수도 있고, 반대로 생각보다 긍정적인 상황이 아닐 수도 있다. 감정을 버리기는 어렵다. 그러나 가끔씩 찾아오는 감정에서 벗어난 순간, 그때를 놓치지 말고 중요한 결정을 내리는 것이 좋다.

세 번째는 그 결정을 지켜보는 타인이 있었다. 계약 당사자 외에 다른 사람을 말한다. 내 감정만으로도 냉철한 판단을 내리기 힘든데, 하물며 타인의 감정까지 신경 쓰면 올바른 결정을 내리기 더더욱 어렵다.

잘못된 방향으로 가고 있든, 잘못된 결정을 내리든 그때의 나를 돌아볼 필요가 있다. 나의 문제점이 무엇인지 나의 심리 상태가 어떤지를 알면 같은 실수를 반복하지 않을 수 있다.

이기적으로
사는 법

세상에는 급한 일과 중요한 일이 있다. 2가지 일의 차이는 중심이 누구에게 있는가이다. 중요한 일은 나를 위해 꼭 필요한 일이고, 급한 일은 타인에게 중요한 일이다. 예를 들어 회사에서 일하는 것은 누구에게 중요한 일일까? 그 회사 사장님 또는 주주에게 중요한 일이다. 내가 일한 대가로 월급을 받기 때문에 마치 그것이 나에게 중요한 일처럼 느껴진다. 하지만 그것은 급한 일일 뿐이다. 회사는 남에게 중요한 일이 나에게 중요한 일인 것처럼 느껴지도록 구조가 짜여 있다.

회사는 법인이고, 법인은 서류상으로 존재하는 것으로 어떤 성격이나 감정을 갖고 있지 않다. 회사의 주인은 주주이고 IPO(기업공개)된 상장 회사라면 주주는 여러분의 얼굴을 모른다. 주주는 여러분의 월급이 오르는 것을 바라지 않으며, 법인의 가치는 구조조정을 통해 회복된다. 우리는 주주에 대한 충성을 일일이 알 필요가 없다는 것은 명백하다.

회사에 보고서를 내는 것은 회사가 잘되게 하기 위한 일이다. 온전히 나를 위한 일이 아니다. 내가 아무리 보고서를 멋지게 작성해도 관련 프로젝트로 발생한 매출이 나에게 떨어지는 경우는 없다. 고작해야 인사고과를 잘 받아서 연봉이 조금 오를 뿐이다. 최고 등급을 받아서 연봉이 10% 정도 인상됐다고 하자. 연봉 4,000만 원이면 400만 원 오르는 것이다. 그것을 12개월로 나누고 세금을 떼고 나면 한 달에 300만 원 남짓이다.

돈을 더 버는 것이 자신에게 가장 중요한 일이라면, 회사가 돈을 벌게 하는 데 최선의 노력을 다하는 선택은 정답이 아닐 가능성이 높다. 회사에 돈을 벌어다준 나의 공로를 이사회와 주주, 사장과 본부장, 부장과 팀장이 알고 번 돈의 일부를 나에게 나눠 주길 기대하는 것보다 그냥 내가 돈을 버는 건 어떨까?

"나는 지금 무엇을 중요하게 생각하는가?"

"나한테 지금 정말 중요한 일은 무엇인가?"

회사 일을 하느라 자기 인생에서 중요한 일을 미루고 있지 않은가? 당장의 급한 일에 밀려 나 자신을 위한 일을 외면하고 있지 않은가? 회사는 나에게 많은 업무를 요구하고, 언제나 데드라인을 설정한다. 심리적 물리적 압박을 받을 수밖에 없다. 반면 나에게 중요한 일의 주체는 나 자신이다. 조금 늦어진다고 해서 나를 압박할 사람도 없고, 내가 일을 안 한다고 해도 아무도 모른다.

그렇다면 우리는 자신에게 이렇게 물어야 한다. "급한 일을 먼저 해야 할까, 중요한 일을 먼저 해야 할까?" 살다 보면 이런 고민을 하는 순간이 찾아온다. 판단을 내리기 전에 기준을 어디에 둘지를 먼저 생각하자. 중요한 일은 나를 위한 일이고, 급한 일은 남을 위한 일이다. 하루의 많은 시간을 남을 위한 일에 쓴다면 회의감이 들 수밖에 없다. 상응하는 보상이 따르지 않는다면 일에 흥미를 잃고 만다. 하기도 싫고 재미도 없는 일을 하며 하루하루를 보낸다고 생각해보라. 그것처럼 불행한 일이 없다.

그림을 그리든, 글을 쓰든, 음악을 하든, 사업을 하든 나에게 '중요한 일'을 해야 한다. 회사는 나에게 중요한 일이 무엇인지 신경 쓰지 않는다. 세상 사람들도 마찬가지다. 나에게 중요한 일이 무엇인지는 오직 나 자신만이 안다. 급한 일 때문에 중요한 일을 미루지 마라. 월급은 다른 사람에게 중요한 일을 해주고 받는 대가다. '급한 일'을 처리한 값이다.

나한테 중요한 일을 하면서 돈을 벌 수 있다면 얼마나 좋을까? 나는 회사에 매여서 원하지도 않는 영상을 만드는 일을 더 이상 하고 싶지 않아서 퇴사했다. 하지만 나에게 중요한 일을 하려면 돈이 필요했고, 돈이 들어오는 구조를 만들어야 했다.

그 과정에서 나에게 중요한 일을 하기 위해 급한 일에서 벗어나는 방법을 알게 됐다. 일요일에는 나만의 생각 시간을 갖는 것이다. 이날은 전화나 문자가 와도 답변하지 않고 오로지 다음 주에 해야 할 일, 목표를 세우고 점검하는 데 집중한다. 어떤 사람은 급한 연락을 무시한다고 생각할 수도 있지만 대부분 다음 날 연락해도 상관없는 일들이다.

평일에도 나에게 중요한 일, 예를 들어 지금보다 더 발전한 인생을 위해 해야 하는 행동 목록을 정리하는 것, 유튜브 콘텐츠를 기획하는 것과 같이 지금 당장 내 인생을 좌우하는 일을 할 때는 핸드폰을 거의 들여다보지 않는다. 중요한 일 위주로 우선순위를 정하고 처리한 후 연락한다.

나에게 중요한 일을 할 수 있는 여건과 환경을 만들어야 한다. 응원해주는 사람도 없고 도와주는 사람도 없을 것이다. 오롯이 혼자 걸어가야 한다. 회사를 그만둬도 격려해주는 사람은 없다.

회사는 나의 인생을 책임지지 않는다. 회사에서 결정적 실수를 한다면 갑자기 고립무원에 놓이게 된다. 회사에서 성과를 올린다면 갑자기 서로가 숟가락을 얹으려고 한다. 그것은 아귀다툼과 다를 바 없다. 신입사원 앞에서 잘난 척하는 선배도 지나고 보면 그냥 인간이다. 회사의 관례와 규칙이 하늘에서 떨어진 것 같지만 그냥 그들이 정한 것이다. 내가 정한 것도 아니고 다른 사람이 돈을 벌기 위해 정한 것이다.

그릇이 작은 사람도
잘살 수 있다

내가 1980~1990년대에 창업을 하고 사업을 했다면 지금처럼 돈을 벌지 못했을 것이다. 나는 인간관계도 좋지 않고 말재주도 없다. 지금이 단군 이래 가장 돈 벌기 좋은 시대라고 말하는 이유는 나 같은 사람도 사업을 할 수 있기 때문이다.

내 삶에서 가장 행복했던 순간은 초등학교에 입학하기 전이었다. 어린 시절 쓰레기차가 동네를 지나가면 뒤따라 달려가면서도 즐거웠다. 지금 생각해보면 꼽등이와 사마귀, 개구리, 도롱뇽, 매미를 잡으면서 뛰놀던 그 시절이 가장 빛나고 행복했던 것 같다.

초등학교에 입학하고 어느 날이었다. 선생님이 "집에 자동차 있는 사람 손 들어봐"라고 하셨다. 아이들이 모두 손을 들길래 나도 덩달아 손을 들었다. 당시 우리 집은 차가 없었다. 그날 수업이 끝나고 집에 돌아오니 부모님께서 왜 선생님한테 거짓말을 했냐고 물었다. 선생님이 집으로 연락한 모양이었다. 내 인생에서 가장 인상 깊었던 순간이었다. 지금도 그때의 기억과 감정이 생생하게 남아 있을 정도로 말이다.

중학생이 되었을 때도 비슷한 일을 겪었다. 우리 학교는 다른 학우의 집에 몇 주간 머무는 '교환학생'이라는 제도를 시행하고 있었다. 강남고속버스터미널 근처에 살던 친구가 우리 집에 1~2주 정도 머물렀다. 그런데 그 친구가 학교에서 다른 아이들에게 우리 집을 흥보하는 것이었다. "얘네 집에는 먹을 것도 하나 없고, 교환학생이 왔는데 어디 놀러 가지도 않는 거야." 다른 집은 부모님이 교환학생을 데리고 함께 바닷가에 놀러 가곤 했던 모양이었다. 우리 집은 맛있는 것도 없고 놀러 가지도 않아 불만이었던 것이다.

그 친구는 나에게 상처가 되는 말을 서슴없이 했다. 나에게 못산다고 놀리는 친구들이 하나둘 생기기 시작하더니 중학교 생활도 꼬이기 시작했다. 3,000원이 없어서 엄마한테 울며불며 떼를 썼던 기억도 있다. 그 시절 나는 혼자 교실 구석에 앉아 판타지 소설을 썼고, 공부는 그럭저럭 보통 수준이었다. 수학은 많이 약해서 8점을 받은 적도 있다. 성적표를 보고 엄마가 우시기도 했다.

아버지는 나에게 "너는 체력도 약하고, 머리도 나쁘고, 도대체 뭐가 될래?"라고 물었다. 그도 그럴 것이 나는 장점이라고는 없는 아이였다. 키도 작고 딱히 잘하는 것도 없었다. 선생님한테 자주 혼나다 보니 선생님들과도 담을 쌓게 됐다.

설상가상으로 강남에 살던 교환학생 친구가 우리 집에 머문 이후로 "얘네 집에 먹을 거라고는 물밖에 없어"라고 떠들고 다닌 탓에 아이들이 나를 무시했다. 심지어 친구들에게 얻어맞은 적도 있다. 그냥 동네북 취급을 받았다. 지금 생각해보면 내 말투와 행동거지 하나하나가 호감형은 아니었던 것 같다. 한마디로 왕따였다.

고등학교에 올라가서도 마찬가지였다. 자주 맞았다. 친구들에게 당시 유행하던 프라이드FC(격투기) 기술을 많이 당하기도 했다. 그래서 나는 쉬는 시간마다 다른 반에 갔다. 점심시간에는 혼자 학교 뒷산에 올라가서 시간을 보냈다. 아이들이 거기까지 쫓아와서 나를 끌고 내려간 적도 있다.

학창 시절의 왕따 경험이 트라우마(정신적 상처)로 남았기 때문인지 나는 성인이 되어서도 조직 생활에 잘 적응하지 못했다. 흔히 말하는 '찐따'(모자란 사람) 그 자체였다. 지금도 그때와 크게 다를 건 없다.

취직을 하면 좀 다를 줄 알았는데 직장 생활도 쉽지 않았다. 회사에 적응하지 못해 이직을 했고, 옮긴 직장에도 적응하지 못해 퇴사를 했다. 말 그대로 루저(본래 '패배자'라는 뜻으로 볼품없고 능력과 재력이 부족한 사람을 일컫는 말)였다.

나는 기본적으로 기회주의자다. 지금과 같은 익명의 시대에는 어떤 기회를 잡고 실행하는 것 외에 다른 것은 크게 신경 쓸 필요 없다. 예를 들어 온라인 쇼핑몰은 손님을 직접 대면하지 않고도 물건을 팔 수 있다. 과거 고도성장기(1970~1980년대)가 사업하기 가장 좋은 시대였다고 말하는 사람들도 있다. 하지만 나는 지금 시대가 가장 좋다고 생각한다. 나 같은 조직 부적응자들에게는 1인 미디어, 1인 사업을 하기에 가장 좋은 환경이기 때문이다.

퇴사하고 창업하는 것이 누군가에게는 단지 선택의 문제일 수 있지만 나 같은 사람에게는 생존의 문제였다. 사람마다 제각기 사고방식과 성격, 가치관이 다르기 때문에 "남들은 다 이러는데 너는 왜 그러냐"고 말할 수 없다. 직장 생활은 누구나 다 하는 것이라고 말하지만 나처럼 못하는 사람도 있다. 그런 사람들도 지금은 혼자 일해서 먹고살 수 있는 시대다. 그런 경쟁력이 인정받는 시대인 것이다.

　주변을 둘러보면 나 같은 사람들이 적지 않다. 나처럼 종지
만 한 그릇을 가진 사람도 돈을 많이 벌 수 있다는 것을 알려
주고 싶다.

퇴사하고
알게 된 것들

회사를 그만두고 나서 한동안은 퇴사한 지 얼마나 지났는지 세어볼 때가 많았다. 그 시간이 길어질수록 퇴사에 대한 후회가 사라질 것이라고 생각했던 것 같다. 나는 퇴사하고 후회한 적이 많았다. 지금은 회사를 그만둔 지 몇 년째인지 헤아리지 않는다. 지금 이 순간에도 퇴사를 고민하는 사람들이 많을 것이다. 퇴사를 하면 후회하는 순간이 많기 때문에 천천히 준비하고 결정하기를 권한다.

퇴사를 하고 내 사업을 하면 시간도 자유롭게 쓰고, 일도 내 마음대로 할 수 있어서 좋을 것 같다. 야근을 하지 않아도 되니 가족들하고 보내는 시간도 많을 것이다. 휴일에는 무슨 일이 있어도 일하지 않겠다고 다짐한다.

하지만 막상 퇴사하면 회사를 다닐 때 뭣 모르고 누렸던 장점들이 굉장히 크게 다가온다. 일단 회사원은 법적인 문제와 세금 등을 신경 쓸 필요가 없다. 회사에서 노트북도 주고, 프린터도 있고, 사무 공간도 제공한다. 심지어 육아도 회사에서 지원해준다. 퇴사하고 내 일을 시작하면 세금을 어떻게 내는지부터 막막하다.

회사에서 마음대로 쓰던 A4 용지나 화장지, 볼펜도 내 돈으로 직접 사서 써야 한다. 회사에 다니면 선배나 동료들로부터 노하우나 전문 지식을 배우고 소속감도 얻을 수 있다. 단순히 통장에 들어오는 월급 외에 회사가 제공하는 무형의 가치들이 적지 않다. 퇴사하면 이런 것들의 소중함을 알게 된다.

퇴사를 하고 나면 명함의 무게가 사라진다. 그저 종잇조각일 뿐이다. 내 이름 석 자와 얼굴, 온전히 개인의 역량으로 사업 아이템과 파트너를 발굴해야 한다. 한마디로 맨땅에 헤딩이다. 내 기업의 가치는 '0원'이나 다름없기 때문이다.

그렇다고 시간의 자유가 허락되는 것도 아니다. 하나부터 열까지 내가 직접 해야 하니 몸이 10개라도 모자란다. 그토록 하기 싫었던 전화 받기나 택배 배송까지 처리해야 한다. 시간

맞춰 사무실에 출근하지는 않지만 근무 시간이 따로 없다. 말 그대로 하루 종일 일하는 시간이다. 주말에는 사업 구상을 하고 아이디어를 짜내느라 쉬는 게 쉬는 게 아니다. 회사를 다닐 때는 퇴근 후 정신적 셔터를 내려버릴 수 있지만 내 일을 하면 그게 쉽지 않다.

내가 회사에서 인정받는 인재로 주요 업무를 맡아 높은 성과를 냈다면 굳이 퇴사할 필요가 없었을 것이다. 이런 사람들은 회사를 다니는 것이 더 낫다. 회사에서 더 높은 곳으로 끌어주고, 회사와 관련된 사업 기회를 충분히 얻어서 멋지게 퇴사할 수도 있다.

그러나 회사 생활에 적응하지 못하는 사람은 망설일 필요 없다. 회사 업무를 하는 것이 우울하고, 업무상 인간관계를 맺기도 너무 힘들다면 자기 사업을 하는 것이 낫다. 회사에서 상사도 나를 싫어하고 동료도 나를 불편해하고 특히 내가 속한 사업부나 직군을 줄이려고 혈안이 되어 있는 상황이라면 다니는 것 자체가 고통이다. 돈 벌어 잘 살고 싶어서 회사를 다니는 것이지, 회사만 잘되고 나는 스트레스를 받으며 가난해지려고 다니는 것이 아니다.

퇴사를 무조건 두려워할 필요는 없다. 자본도 없고, 뒷받침해줄 인맥도 없고, 특별한 능력도 없고, 생초보인 나도 잘 먹고 산다.

지금까지 살아오면서 나를 뛰어나다고 평가해준 사람은 두세 명밖에 없다. 나머지 사람들은 한결같이 나에게 뭔가를 가르치려 하거나 잘하는 누군가와 비교하면서 열등감을 부추겼다. 나를 인정해주는 사람도, 나를 비난하는 사람도 나보다 우수해 보였다. 나는 내가 세상에서 가장 못난 사람이라고 여겼다.

퇴사를 하고 나면 내가 어떤 사람인지 완전히 알게 된다. 회사에 다닐 때는 내 눈이 아니라 회사의 눈으로 세상을 바라본다. 경제방송국에 다니던 나는 2018년 내내 시장이 하락했는데도 그해 연말이 되어서야 그 사실을 알았다. 시장이 폭락해도 여전히 버스와 지하철은 다니고 편의점에서 아이들이 아이스크림을 사 먹는다. 나는 퇴사를 하고 나서야 오전 9시부터 오후 6시까지 진짜 세상의 모습을 보았다.

퇴사와 동시에 사라진 것은 직함이다. OO 대리님, OO 과장님이라는 호칭도 사라진다. 회사 동료나 거래처 사람들이 나를 만나주지 않는 경우도 생긴다.

회사를 다닐 때 퇴사하고도 계속 교류하며 만날 사람들을 먼저 사귀어놔야 한다. 퇴사하면 업무 관계로 만나던 사람들과 대부분 연락이 끊어진다. 회사 동료와 선후배도 마찬가지다. 사회에서 만난 사람들은 대부분 이익 관계에 있다. 그들은 내 뒤에 큰 기업이 버티고 있었기에 나를 만나준 것이다. 회사를 다닐 때도 어렴풋이 알고 있었지만 퇴사하면 일주일 이내에 증명된다. 나와 같은 사람들이 모이는 스터디나 강의에 참여해서 새로운 방향으로 함께 나갈 사람들을 사귀어두어야 한다. 지금 나에게 가장 큰 힘을 주는 사람들은 비즈니스 모임과 스터디 모임에서 만났던 사람들이다.

퇴사하면 가장 크게 체감하는 것이 월급의 부재이다. 매달 통장에 들어오던 월급이 끊긴다. 월급 외에 부수입이 없다면 고통이 찾아올 것이다. 대출도 어려워진다. 요즘에는 통장 만들기도 쉽지 않다. 회사의 수익을 올리는 성과를 내든 그렇지 않든 변함없이 통장에 들어오던 돈이 사라진다. 얼마나 소중한 월급이던가. 그 월급이 없어도 생활하는 데 지장이 없을 정도의 부수입을 먼저 만들어놓아야 한다. 한 가지 재밌는 사실은 모든 사람들이 회사가 나의 이익을 가져간다는 사실을 이미 알고 있다는 것이다.

요즘 나에게 스마트스토어나 유튜브 관련 포토그래퍼나 편집자를 물어보는 사람들이 많다. 나는 누구나 이름만 들으면 아는 유명 업체를 추천한다. 왜냐하면 추천했다가 실패한다고 해도 그 회사의 명성 덕분에 내가 욕먹을 일은 없기 때문이다.

그럴 때마다 나에게 되돌아오는 질문은 회사 말고 잘하는 사람을 알려달라는 것이다. 회사를 통하면 더 비싸기 때문이다. 회사는 원가로 서비스나 재화를 조달해서 파는 곳이다. 반대로 생각하면 나에게 회사에 취업할 수 있는 정도의 기술력이 있다면 혼자 하는 것이 돈을 훨씬 많이 벌 수 있다. 나는 월급 외 수익이 1,000만 원이 되지 않으면 회사를 그만두지 않으려고 했다. 그리고 월 1,000만 원을 벌게 되었을 때 회사를 그만뒀다.

회사에서는 맡은 업무 한 가지만 잘하면 된다. 다른 사람이 담당하는 일을 하는 것이 오히려 실례다. 하지만 내 사업을 하면 접해보지 않은 일을 시도해야 할 때가 많다. 회사를 그만두고 내 사업을 하면 내가 모르는 분야에 대해 적극적으로 물어보고 찾아보고 배워야 한다. 엄청나게 바빠 보이는 무서운 선배나 팀장 때문에 모르는 게 있어도 대충 고개를 끄덕이며 회의 시간을 넘기거나 어깨너머로 배우는 것이 밖에서는 통하지 않는다. 회사에서는 대충 넘어간 일이 문제로 떠오를 때까지 6개월 혹은 그 이상 걸린다. 부서를 옮길 때까지 별 문제되지 않는 경우도 있다. 하지만 혼자 일하면 일주일 이내에 문제가 생긴다. 대충 넘어갈 방법도 없다.

퇴사 전에 회사에서 배울 수 있는 지식이나 경험이 있다면 온전히 내 것으로 만들어야 한다. 회사에 있는 동안 다른 부서 사람들에게 물어보거나 조언을 받아서 전부 익히는 것이 좋다. 점심시간에 식판 들고 옆에 앉아서 물어보면 되는 일도 퇴사한 다음에 전문가를 찾아가서 노하우를 구하려면 적지 않은 비용이 든다.

월급이 꼬박꼬박 들어올 때는 은행 대출을 받는 데 아무런 문제가 없다. 큰 기업의 신용을 등에 업고 있기 때문이다. 하지만 월급이 없는 사람에게 대출을 해주는 은행은 없다. 투자금으로 쓸 돈은 회사에 다닐 때 대출을 미리 받아서 마련해두어야 한다. 마이너스 통장도 만들어두는 것이 좋다. 퇴사 후에는 사회 곳곳에서 예기치 않은 장벽에 부딪힌다. 현대사회에서 신용은 곧 고정수입이다. 신용으로 얻을 수 있는 것들은 회사에 다닐 때 최대한 확보해야 한다.

좋든 싫든 5년 이상 해왔던 일을 버리고 나오는 순간부터 트렌드에 뒤처진다. 회사를 통해 접하던 정보들이 단절되기 때문이다. 퇴사 후 그런 유용한 정보들을 얻으려면 시간과 돈이 필요하다.

특히 기술 트렌드가 빠르게 변하는 직종에서는 나 홀로 독립적으로 트렌드를 따라가기가 쉽지 않다. 그런 부분들을 이겨낼 만큼 해당 분야의 트렌드를 익힐 수 있는 모임과 스터디에 미리 참여하고, 앞으로 모든 것을 혼자 처리할 수 있는 책임감과 돈, 지식을 마련한 다음에 퇴사해야 한다.

많은 직장인들이 회사에서 시키는 대로 일하기 싫어서 퇴사를 고민한다. 나도 그랬다. 하지만 반대로 생각해보면 회사에서 시키는 일을 할 때는 나의 부족한 점이나 실수들이 드러나지 않았다. 회사를 그만두고 나면 대낮까지 잠을 자든, 밤을 새우든, 사업 아이템을 바꾸든, 모든 일의 방향을 내가 결정한다. 그리고 그 결정에 따른 책임도 온전히 내가 진다. 단순히 자유를 추구하는 것 외에 내가 나아가야 할 방향성을 잡지 못했다면 아직 퇴사할 때가 아니다.

퇴사는 잠깐 쉬고 싶어서 하는 것이 아니다. 특히 한 집안의 가장으로 가족의 생계를 책임지고 있다면 절대 무책임하게 쉬고 싶다고 하면 안 된다. 아내와 자식의 인생이 나의 선택에 달려 있다. 알고 보면 나의 결점과 약점들을 한꺼번에 메워준 곳이 바로 회사다. 회사에 다니는 동안 안정된 삶을 살 수 있다. 회사가 월급을 주지 않으면 노동청에 신고하면 된다. 하지만 내 사업을 하면 돈을 벌지 못하더라도 누구를 탓할 수 없다.

현실의 벽에 부딪혀 좌절하지 않으려면 회사를 다니는 동안 철저히 준비해야 한다. 최소한의 기반을 확보한 상태에서 회사를 나와야 한다. 월 1,000만 원을 벌기 위한 준비 과정은 회사에 다니는 동안 시작되어야 한다.

아직 퇴사할 준비가 되지 않았는데 죽을 것처럼 힘들다면, 회사 생활에 중립 기어를 넣어보자. 퇴근하고 집까지 일거리를 싸 들고 가서 밤새 결과물을 만들어내도 회사는 만족하지 않는다. 보상은 적고 기대치만 높아질 뿐이다. 잘 해낼수록 일이 더욱 몰린다. 빠르게 처리할수록 빠르게 일이 쌓이고, 완벽주의 성향까지 갖고 있다면 우울증과 번아웃(극도의 정신적 육체적 피로 상태)이 동시에 찾아올 것이다.

특히 대리 이하의 주임이나 사원이라면 회사에서 해줄 수 있는 범위가 정해져 있으므로 기대치도 높지 않다. 연공서열이 정해져 있고, 승진 대상자는 사실상 내정되어 있다. 대리를 갑자기 부장으로 올려줄 수도 없는 노릇이고, 승진이 아니더라도 대리에게 부장급 연봉을 줄 수도 없다. 선배들이 줄줄이 있는 회사일수록 더욱 그렇다.

신입사원일 때
몰랐던 것들

입사하기 전까지는 나를 어필하는 데 집중했다면 입사 후에는 '적응의 세계'가 펼쳐진다. 그야말로 적자생존이다. 회사에 적응해나가면서 인정도 받아야 한다. 처음에는 의욕이 넘친다. 남보다 일찍 출근하기 위해 어두컴컴할 때 집을 나서고 지하철 계단을 뛰어오르기 일쑤다. 빠듯한 마감 기한을 어기지 않으려고 야근도 밥 먹듯이 한다. 어쨌든 입사 1년까지는 열심히 해볼 생각이다. 어떻게 해서 들어온 회사인데 제대로 인정받고 싶다. 일류 사원까지는 아니더라도 동기들 중에서는 앞서 나가야겠다고 결심한다.

기본적으로 회사는 계속 성장하려고 한다. 회사의 소유주와 투자자는 물론 각 부서장들과 팀원들도 회사의 성장이라는 목표를 향해 매일같이 쉬지 않고 달린다. 팀별로 목표치가 주어지고, 그것을 달성하지 못하면 좌천된다. 업무 하나하나에 인사고과가 달려 있다.

한 사람의 성장 가능치가 100이라고 할 때 시작점을 50으로 잡으면 성장 곡선을 유지할 수 있다. 처음부터 잘할 필요 없다. 성급하게 결과물을 내려다 보면 회사 밖에서 배운 것들과 회사가 원하는 결과물의 방향이 서로 맞지 않을 가능성이 크다. 그러면 아무리 회사 일을 열심히 해도 엇나가고 더욱 괴로워질 뿐이다.

회사가 원하는 것이 무엇인지 정확히 알기 전까지는 욕심을 버려야 한다. 물론 회사는 만족할 만한 결과물을 내놓으라고 압박할 것이다. 그럴 때는 자신의 힘을 아끼고 최소한으로 만족한 수준의 결과물만 내놓는다. 신입사원일 때는 더더욱 그런 자세가 필요하다. 이 과정에서 잊지 말아야 할 것이 있다. 업무 진행 상황을 꼼꼼히 보고하는 것이다. 그러지 않으면 회사는 내가 일을 하지 않는다고 판단한다. 업무 속도가 똑같이 느리더라도 보고를 하는 것과 보고하지 않는 것은 전혀 다르다. 아주 사소한 부분도 보고하는 것이 좋다. 그래야 부서장의 성향을 파악할 수 있다. 부서장을 직접 대면하기 어렵다면 이메일로 보고한다. 그래야 나중에 혼자 헛발질을 하는 일이 없다.

회사가 나에게 해줄 수 있는 보상은 언제나 한정적이다. 상한선도 이미 정해져 있다. 신입사원이 아무리 성과가 뛰어나다고 해도 곧바로 과장이나 차장으로 진급할 수 없다. 신입사원은 천천히 적응하면서 즐길 수 있는 정도만 일하는 것이 좋다.

우선 작은 일부터 충분히 몸에 익히면서 내공을 다져야 한다. 부정적으로 말하면 업무 태만이라고 생각할 수도 있다. 하지만 어차피 신입사원에게는 충분한 시간이 주어지지 않는다. 직장에서는 내 능력의 한계를 명확히 인정하고 다른 사람들과 페이스를 맞추는 것이 좋다. 어차피 내 회사가 아니다. 부서장도 마찬가지다. 부서장도 나와 같은 직장인일 뿐이다.

신입사원일 때 현명한 조직 생활을 위해 어떻게 해야 하는지 조언해주는 선배가 있었다면 퇴사하지 않았을지 모른다. 상급자가 보기에는 아무리 열심히 일하는 신입사원도 어설퍼 보인다. 함선은 방향을 바꿀 수 있는 속도가 정해져 있다. 급하게 방향을 틀면 배가 가라앉을 위험이 크다. 회사는 함선과 같다. 나 혼자 제트스키를 타고 달려갈 수는 없다. 함선의 방향과 속도에 맞춰 나아가야 한다. '왜 이 사람들은 나처럼 제트스키를 타고 움직이지 않을까?' 이런 생각이 들수록 자신만 답답하고 힘들다.

직급이 올라갈수록 함선에 같이 탄 사람들과 협업하며 적절한 속도로 움직이는 법을 터득한다. 나는 그것을 깨닫기도 전에 회사를 나왔다. 입사 후 2~3년은 함선의 속도에 나를 맞춰야 한다. 회사 생활을 오래 지속하고 싶다면 내 능력을 조금씩 풀어놓는다는 생각으로 일하는 것이 좋다.

신입사원은 마라톤의 출발선에 있다는 것을 잊지 말아야 한다. 그러지 못한다면 함선에서 빠져나올 수밖에 없다. 어느 것이 옳고 그른 것이 아니라 선택의 문제다. 함선을 탈 것인가, 제트스키를 탈 것인가? 그에 맞춰 완급 조절을 해나가야 한다.

3

저는 작게

시작해도

괜찮은데요

성공할 확률이 10%라면 열 번 이상 시도하면 된다.
그렇게 할 수 있는 환경을 만들기 위해서는 작은 사업부터 시작하라.

단군 이래
가장 돈 벌기 좋은 시대

지금은 1인 기업으로 살아남을 수 있는 시대다. 특히 나처럼 소심하고 남 앞에 나서는 것을 어려워하는 사람에게는 더할 나위 없는 환경이다. 과거에는 물건을 팔려면 사람들을 만나야 했다. 그런 시대에는 호감을 주는 말과 행동으로 상대를 사로잡아 좋은 첫인상을 주고, 설득력도 뛰어나야 성공할 수 있었다. 하지만 지금은 사람들을 직접 대면할 필요가 없다. 소통은 키보드로 하면 된다.

인스타그램에서 1억 명 이상의 팔로워를 거느린 카일리 제너는 자신을 브랜드화해서 카일리코스메틱을 설립했다. 주로

SNS에서 홍보와 마케팅을 하는데, 2017년 그 회사의 매출은 3,000억 원이었다. 놀라운 것은 매출이 아니다. 이 정도 매출을 올리는 기업의 직원이 고작 12명이다. 정직원 7명, 파트타임 5명이다. 연구개발, 생산, 포장, 판매까지 모두 아웃소싱을 한다. 이러한 것이 가능한 시대다.

10년 전만 해도 한국 사회는 글로벌 스탠더드에 한참 뒤처져 있었다. 유튜브가 처음 운영된 것은 2005년이었고, 한국어 서비스는 2008년부터 시작됐다. 오래전부터 유튜브가 전 세계적인 열풍을 일으키고 있었지만, 국내에서 활성화된 것은 불과 2~3년 전부터다. 2000년대 초반 선풍적인 인기를 끌었던 싸이월드는 개인 홈페이지의 하루 방문자 수가 300명만 되어도 '핵인싸'였다. 지금은 유튜브 인기 채널의 구독자 수가 100만 명이 훌쩍 넘는다.

돈을 벌려는 모든 사람들이 유튜브로 몰려들었다. 일반인, 유명인, 연예인, 정치인까지 유튜브는 마케팅에서 기본 중의 기본이 되었다.

내가 원하면 전 세계 어디든 다이렉트로 연결 가능한 시대다. 우리나라도 이제는 글로벌 스탠더드 대열에 합류했다. 특히 인터넷 네트워크가 그 어느 나라보다 잘 갖춰져 있기 때문에 글로벌 비즈니스를 누구나 쉽게 할 수 있다.

광고는 어떤가? 내가 원하는 사람들(타깃)을 대상으로 10만 원만 들여도 내 상품의 경쟁력을 판단받을 수 있다. 예전에는 광고를 집행하려면 거대 매체와 협상해야 했다. 지금은 앉은 자리에서 휴대전화로 글로벌 거대 기업 구글에 광고를 집행한다. 단돈 5만 원도 안 되는 돈으로.

1시간 만에 쇼핑몰을 오픈할 수도 있다. 물건을 팔 수도 있고, 지식과 재능 같은 무형의 가치를 팔 수도 있다. 엔터테인먼트 회사와 계약하지 않아도, 매니저가 방송국에 CD를 돌리지 않아도, PD가 음악 프로에 출연시켜주지 않아도 J-fla(제이플라) 같은 글로벌 스타가 된다.

권리금과 월세를 내지 않아도 되고, 영업하느라 술을 먹지 않아도 되며, 국내가 아니라 세계를 타깃으로 판매하는 것도 얼마든지 가능하다. 비행기를 타지 않아도 글로벌 비즈니스를 할 수 있다. 무궁무진한 사업 기회가 열려 있는 것이다.

나는 정부 정책이나 정당에 큰 관심이 없다. 어차피 모든 사람들이 동일한 정책을 적용받기 때문이다(제대로 적용받고 있다고 믿는다). 그런 것까지 신경 쓰고 싶지 않다. 정부 정책이나 법망을 피해갈 꼼수를 생각할 시간에 내 사업을 키우는 데 온전히 집중하는 것이 낫다.

나는 자유시장경제 체제에서 돈을 벌 수 있다는 믿음을 가지고 있다. 세상은 불확실하다. 어떤 정부도, 경제학자도, 미래학자도 모든 경제활동을 정확하게 예측할 수 없다. 자연재해, 사회 변화, 세계적인 유행병 등 헤아릴 수 없이 많은 변수들을 일일이 고려할 수 있겠는가?

자유시장경제에서 자유를 누리는 정도의 차이는 있지만 항상 동일한 규칙이 적용된다면 문제될 것이 없다. 야구 경기에서 스트라이크 존이 심판마다 다르더라도 그 경기 내내 일관되게 적용된다면 문제없는 것처럼 말이다.

네트워크는 모든 사람에게 공평하다. 이보다 더 저렴하게 이용할 수 있는 것도 없다. 인터넷 비용 몇만 원이면 전 세계를 무대로 뛸 수 있다.

시간이 조금만 더 흐르면 글로벌 비즈니스가 당연한 시대가 올 것이다. 이처럼 자본주의의 축복과 네트워크라는 기반 위에서 우리는 돈 벌기 가장 좋은 시대에 살고 있다.

이 시대가 지나고 나면 지금 내가 갖고 있는 IT 관련 지식 따위로는 문맹 취급을 받는 시대가 올지도 모른다. 지금 우리는 격변기의 한가운데 있다. 이런 시대를 그냥 지나치는 것은 부자가 될 기회를 놓치는 것이나 다름없다. 나중에 우리 아이들은 이렇게 말할 수도 있다.

"우리 아빠는 그때 뭐 했는지 몰라."

목표를 달성한
경험

2018년에 내가 세운 목표 중에 하나는 '인터넷에서 유명해지기'였다. 그 목표를 세운 다음부터 내가 할 수 있는 일들을 찾기 시작했다. 우선 나 자신을 브랜딩하기 위해 구체적으로 무엇을 해야 할지 생각해봤다. 그 과정에서 여러 가지 채널 중에 유튜브를 선택하게 됐고, 결정을 내린 다음에는 유튜브에 맞는 영상 제작과 편집을 했다.

문제는 유튜브를 하면 그만큼 내 시간과 에너지를 투입해야 하고, 그러다 보면 기존 사업에 소홀할 수밖에 없다는 것이었다. 사업을 차질 없이 운영하려면 내가 해왔던 일을 대신할 사람을 뽑아야 했고, 그러기 위해서는 늘어나는 인건비를 감당할 만큼 매출을 늘려야 했다. 자연히 스마트스토어 외에 다른 판매 채널을 갖춰야겠다는 계획을 세웠다.

먼저 아르바이트생을 뽑아 상품을 판매할 채널을 확장하는 일을 맡겼다. 그렇게 해서 매출이 늘어나자 내 일을 대신할 직원을 채용해 내 시간을 유튜브에 쏟아부었다. 그러다 보니 '신사임당' 채널이 성장했고, '인터넷에서 유명해지기'라는 목표를 달성할 수 있었다.

사업을 시작했을 때 가장 큰 목표는 자본주의를 정복하는 것이었다. 내가 어떤 선택을 내릴 때 첫 번째로 고려하는 조건은 '돈'이 되지 않도록 하는 것, 그것을 당대에 이루는 것이었다. 그런데 목표를 바꿨다. 부의 서행차선으로는 당대에 그것을 이루기 어렵다는 사실을 깨달았다. 그래서 목표를 다음 세대, 즉 내 아이 세대에 자본주의를 정복하는 것으로 정했다.

그 목표를 이루기 위해 지금 내가 할 수 있는 일을 할 뿐이다. 지금 하고 있는 온·오프라인 사업과 유튜브 강의, 부동산 임대업, 책 쓰기 등은 자본주의 정복을 향해 가는 걸음걸음이다.

책 쓰기도 먼 훗날의 계획 중 하나였다. 적어도 40대가 됐을 때쯤 기회가 오리라 생각했다. 그런데 천천히 한 걸음씩 내딛다 보니 자연스럽게 여러 길들이 보이기 시작했다. 큰 목표를 두고 하루하루를 열심히 살다 보니 그렇게 된 것 같다. 물론 운이 따라준 덕분이다.

주식투자를 그만두고
사업을 시작한 이유

회사를 다닐 때 선후배 중에 소위 말하는 금수저가 있었다. 그들과 나의 급여는 크게 다르지 않았다. 월급은 내 집안이 더 좋다고 해서 급격하게 증가하는 것은 아니기 때문이다. 금수저는 월급으로 만들어지는 것이 아니었다.

임원급으로 올라가지 않는 한 직장인들의 월급은 거기서 거기다. 차이가 난다고 해봐야 관리자급이 아닌 이상 웬만해서는 억대 연봉을 받기 어렵다. 설령 억대 연봉자라고 해도 월급만 모아서 금수저가 될 수 있을까? 억대 연봉자가 월급을 거의 쓰지 않고 고스란히 모은다고 해도 정년퇴직할 때까지

금수저라고 할 만한 자산을 저축만으로 모으는 것은 불가능에 가깝다고 느꼈다.

급여로는 답이 없다는 결론이 나왔다. 그렇다면 급여 외의 소득을 어떻게 만들어낼 것인가에 초점을 맞춰야 했다. 내가 처음 시도한 방법은 주식투자였다. 사업은 엄두가 나지 않았다. 당시에는 기본적인 사업 노하우조차 없었고, 주변에 도움받을 만한 사람도 없었다. 자산소득을 얻는 방법밖에 없었는데, 가진 돈이 너무 적다 보니 '고위험 고수익'을 종교처럼 믿었다.

목표 수익률을 8%로 잡고 맨 먼저 한 것은 월 200만 원씩 저축해서 투자 밑천을 모으는 것이었다. 간간이 아르바이트와 프리랜서 업무를 하면서 돈을 모았다. 그렇게 매달 200만 원씩 모은 돈을 연 수익률 8%로 굴리면 30년 뒤에 30억 원을 모을 수 있다는 계산이었다. 연간 2,400만 원을 저축해서 연 8% 수익률로 운용하면 30년 뒤에는 매년 1억 원씩 저축한 것과 같은 효과가 나타난다는 것이다.

돈을 굴리는 방법은 주식을 중심으로 계획했다. 적은 자금으로 그만한 수익을 올리는 방법은 주식밖에 없었다. 나름대로 가치투자를 한답시고 영업이익률이 유지되고 매출액이 계속 증가하면서 자산도 많이 보유하고 있는 기업, 장부 가치가 시가총액보다 높은 기업들을 찾기 시작했다. 이런 기업들은 보통 시가총액이 낮은 만큼 유동성도 적다. 유통되는 주식 수가 많지 않다는 얘기다. 나처럼 자산이 적은 사람들이 진입하기 좋은 환경이라고 할 수 있다. 이런 기업들은 대주주가 대부분 창업자이기 때문에 외부에서 큰 자금이 들어올 일이 거의 없으니 한번 투자해놓고 오랫동안 기다려야 한다.

운이 좋게도 투자한 종목 중 하나가 정치 테마주로 부각되면서 주가가 많이 올랐다. 하지만 나는 최고점에서 팔지 못하고 많이 떨어진 뒤에야 팔았다.

나는 이제 끝났다고 생각해서 팔았는데 해당 종목의 주가가 다시 하늘 높은 줄 모르고 계속 올라가니 미련이 생기고 고통스러웠다. 올라갈 때 팔아도 괴롭고, 반대로 떨어질 때는 차마 팔지 못해 더 괴로운 상황이 반복됐다. 자신에 대한 신뢰도가 높은 사람은 그런 상황에서 괴로워하지 않겠지만 나 같은 사람은 불가능하다고 생각했다. 계속 공부해서 분석하고 연구한다고 해서 자기 신뢰도가 올라가는 것도 아니었다. 공부하면 할수록 더 어렵고 알 수 없는 것이 주식투자였다. 결국은 자신에 대한 신뢰가 더욱 무너지고 고통만 가중되는 것처럼 느껴졌다(이 내용은 2019년 업로드했던 영상을 기반으로 작성한 내용이다. 지금은 인터뷰를 통해 많은 사람을 만나면서 주식투자에 대한 관점이 많이 바뀌었다).

처음 계획을 세운 것처럼 연평균 8% 수익률을 유지하면서 계속 월 200만 원을 저축하기는 쉽지 않았다. 저축을 못 할 때도 있었고, 그동안 열악한 생활 수준이 지속되었다. 당시에 저축액을 마련하기 위해 나 자신을 갈아 넣어야 하는 부업을 하기도 했다.

어느 주말 부업으로 영상을 만들다가 이렇게 주말과 퇴근 후 내 시간이 없는 삶을 30년 동안 이어간다는 생각을 하니 의욕이 급격히 사라졌다. 더구나 연 8% 수익률을 유지하기 위해서는 끊임없이 공부하고 연구해야 한다는 사실도 힘들게 느껴졌다.

투자 방법에 대한 공부는 일정 수준에 도달할 수 있다고 해도 분석 방법에 대한 공부는 끝없는 영역이다. 투자할 기업과 시장의 상황은 계속 변하기 때문이다. 그나마 나는 경제방송국에 몸담고 있었기에 기업의 최고경영자(CEO)들을 만나서 인터뷰를 한다거나 관련 정보에 접근하기가 비교적 쉬웠다. 그럼에도 불구하고 종목을 분석하는 일에는 정신적인 스트레스가 크고 물리적인 시간도 많이 부족했다.

그러던 어느 날 우연히 나보다 연차가 훨씬 더 높은 선배의 급여명세서를 본 순간 미래가 더욱 암울해졌다. 시간이 지나도 현재의 상황에서 크게 달라질 것이 없어 보였던 것이다. 그러자 공포감이 밀려왔다. 투자한 종목에서 손실이라도 나면 그 공포감은 더욱 커졌다. 나 자신을 갈아 넣으면서 모은 돈으로, 내 삶의 질까지 떨어뜨려가면서 투자한 결과가 손실로 돌아올 때면 '차라리 그 돈을 써보기라도 할걸' 하는 자괴감에 빠져들었다.

생활은 점점 더 피폐해져 갔다. 문득 이런 생각이 들었다. '고작 연 8% 수익을 내려고 이렇게까지 해야 하나?' 이후로 나는 주식투자에서 손을 뗐다.

주식 대신 선택한 것이 상장지수펀드(ETF)였다. 운이 좋았는지 8% 이상의 성과를 내기도 했다. 그러자 또 다른 고민이 생겨났다. '8% 수준에서 올해의 투자를 멈추고 내년까지 현금을 들고 있을 것인가, 아니면 물이 들어올 때 노를 저을 것인가?' 당시에는 그런 선택 하나하나에 엄청난 압박감을 느꼈다. 그리고 연 8% 이상 수익을 계속 낸다고 해도 매달 200만 원씩 저축해야 한다는 사실은 변함이 없었다.

그러던 중 자산운용사에서 리스크 매니저로 일하던 형에게 '알바왕 이종룡' 씨에 대한 이야기를 들었다. 3억 5,000만 원의 빚을 갚기 위해 하루에 1~2시간만 자면서 노동소득을 극대화했던 그분이 돌아가셨다는 것이었다. 이 소식은 삶을 갈아 넣던 나에게 큰 회의감을 안겨줬다.

그렇게 다시 하루하루 죽은 것처럼 살다가 태광실업 박연차 회장의 장녀인 박선영 대표와 1년 동안 매주 만날 기회가 생겼다. 5분 길이의 인터뷰 영상을 만드는 업무를 맡게 된 것이다. 당시에 만든 영상 내용은 잘 생각이 나지 않는다. 항상 카메라의 뷰파인더를 보면서 포커스는 맞는지, 준비한 원고와 촬영 순서가 잘 맞는지, 오디오는 잘 들어오는지, 배경은 잘 정리됐는지, 이런 것들에 집중했기 때문이다.

지금 생각해보면 대부분 돈이나 회사 경영과 관련된 얘기였다. 이천 도자기 박물관에서 촬영을 마치고 박선영 대표가 나에게 "주 PD는 얼마나 벌고 싶어요?"라고 물었다. 그래서 나는 크게 웃으면서 "한 50억 벌면 좋지 않을까요?"라고 농담으로 이야기했는데 정색을 하면서 다시 나에게 물었다.

"그럼 계획은 있어요?"

계획은 당연히 없었다. 그래서 계획이 없다고 말하고 대화는 끝났다. 집으로 돌아오는 길에 '계획이 있다고 할걸. 월 200만 원씩 모아서 8% 수익률을 올리는 계획을 말할 걸 그랬나?' 이런 후회가 들었다. 그날 집으로 돌아오는 차 안에서부터 계획을 세웠던 것 같다. '이렇게 살 수는 없다. 내 사업을 구축해야겠다'고 느낀 것이다. 그 뒤로는 사업 계획을 세우는 데 몰두했다.

　당시만 해도 나는 사업을 하려면 반드시 큰돈이 필요하다고 생각했고, 내가 가진 자산을 모두 쏟아부어야 한다고 착각했다. 그러다 보니 나도 모르게 무모한 시도를 하게 되었고, 당연히 적자를 봤다. 그런 경험들이 쌓이면서 작게 시도하는 방식을 선택하게 됐다.

네가 월 1,000만 원을
벌겠다고?

직장인이 한 달 월급으로 얼마를 벌 수 있을까? 월 평균 300~400만 원 정도일 것이다. 월 700만 원 이상만 받아도 부럽다는 말을 듣는다. 억대 연봉은 직장인 100명 중 3명밖에 받지 못한다. 누군가는 받긴 받는다는 억대 연봉이 저 먼 무지개 너머 이야기처럼 들린다.

도심에서 멀지 않은 지역의 30평대 아파트, 시내버스가 무시하며 마구잡이로 끼어들지 않을 정도의 중형 세단, 인스타그램에 올려도 꿀리지 않을 여름휴가, 너무 뜸하지 않은 해외여행, 일상이 된 듯한 맛집 탐방.

빚을 지지 않고 이 정도를 누리려면 얼마나 필요할까? 어쩌면 연봉 1억 원으로도 모자랄지 모른다. 돈은 쓰기 나름이니까.

회사 매출을 10억 원 가까이 올리면 연봉 1억 원을 받을 수 있을까? 처음 다니던 경제방송국에서 PD로 일할 때 나는 외부 협찬을 연 12억 원 정도 따냈다. 매달 2,000만 원짜리를 5개씩 끌어온 것이다. 그러나 5년 차에 내 기본급은 월 160만 원 수준이었다. 그때만 해도 억대 연봉은 나와는 차원이 다른 어마어마하게 뛰어난 사람들의 이야기라고 생각했다.

나는 매일 생방송을 하면서도 협찬이 펑크가 나면 메우러 돌아다녔다. 홍보 영상도 PD인 내가 만들었다. 제조회사로 치면 제품 기획부터 생산·영업·판매까지 다 한 것이다. 판매로 치면 도매와 소매까지 다 한 셈이었다. 그때는 모든 사람들이 그렇게 사는 줄 알았다. 하지만 회사를 나와 보니 그렇지 않았다.

나는 퇴사한 첫해에 운이 좋게도 매출 5억 원을 달성했다. 다음 해에는 7억 원, 그다음 해에는 10억 원의 매출을 올렸다. 회사에 다녔다면 꿈도 못 꿀 일이다. 월 1,000만 원이 넘는 돈이 내 계좌로 들어왔다. 아직도 처음으로 하루에 70만 원을 벌던 날의 흥분을 잊을 수가 없다. 그날 잠들지 못하고 밤을 새

2015년 6월 급여명세서

【 급여지급명세서 】   2015 년 06 월 명세서

▶ 회사 :   이   ▶ 부서 : 증권팀
▶ 사번 :   ▶ 성명 : 주언규   귀하

	기본급	자기계발비	직책수당	연차수당	학자금	상여금(기타제외)
	1,909,080					
	상여금(기타)	식대수당	차량지원금	취재수당	소급급여	상여소급1
		100,000				
	상여소급2					
지 급 내 역						

		100,000				
	상여소급2					
지 급 내 역						
	건강보험	국민연금	고용보험	요양보험	노조비	기자상조회비
	89,050	122,040	12,400	5,830	20,090	
	대출금	대출이자	임대료	기자협회비	PD협회비	동호회비
					30,000	10,000
	기타공제	연말정산소득세	연말정산주민세	사우회비	연말정산농특세	소득세
				10,000		16,060
공 제 내 역	주민세					
	1,600					
근 태 내 역						
합 계			지급총액	공제총액		차감지급액
			2,009,080	317,070		1,692,010

웠다. 정말 큰 부자가 될 것이라고 생각했다. 여전히 나에게는 꿈속의 숫자였다. 지금은 순이익으로 매달 1억 원 이상을 벌고 있다.

회사에서는 고정비가 높고 이익이 바로 내 계좌에 들어오는 구조가 아니기 때문에 월 1,000만 원의 급여를 주기가 쉬운 일이 아니다. 그러나 내가 직접 하는 순간 1,000만 원의 순이익을 남기는 것이 생각보다 어려운 일이 아니다. 단순 계산으로 1개를 팔면 1만 원의 순이익이 떨어지는 제품이나 서비스를 찾으면 된다. 이 재화나 용역을 하루에 30개씩만 팔아도 한 달에 900만 원이 들어온다. 10만 원이 남는 것이라면 3개만 팔아도 되고, 30만 원짜리는 1개만 팔아도 된다.

인터넷은 24시간 문을 닫지 않는다. 내가 잠든 동안에도 물건은 팔린다. 영업시간이 오프라인 매장의 2배가 넘는다. 오프라인 매장을 12시간 돌리려면 인력이 3명 정도 필요하다. 매장 1곳당 3명이니 3개 점을 운영하면 주말 아르바이트까지 10명이 넘는 인력이 필요하다. 온라인은 어떨까? 나 혼자 해도 된다.

우리나라에서 '~팔이'라는 접미사는 모욕적인 어미로 쓰이기도 한다. 폰팔이, 차팔이처럼 상인을 천시하는 분위기가 아직도 남아 있다. 파는 행위 자체를 무시하는 것이다. 그렇지 않다면 사기를 쳐서 파는 사람들을 폰기꾼이나 차기꾼처럼 보다 명확한 부정적 접미사를 붙였을 것이다.

최근에는 그런 경향이 상당히 사라졌지만, 여전히 우리나라에는 직업에 귀천이 있다. 재밌는 점은 이것이 기회로 작용한다는 것이다. 명문대를 나온 엘리트들은 이런 일에 뛰어들지 못한다. 수많은 인플루언서도 '~팔이'라는 접미사를 두려워한다. 영향력을 가지고도 못 파는 사람이 많고, 역량을 갖추고도 안 파는 사람이 많다. '파는 행위'라는 것과 교환해야 하는 사회적 가치가 여전히 높다. 여전히 한국에서 돈은 더럽다.

그렇기에 생각보다 기회가 더 많이 열려 있다. 사람들을 직접 만나서 물건을 팔지 않아도 된다. 술도 못 마시면서 굳이 접대를 할 필요도 없다. 회사 부적응자들에게 더없이 좋은 환경이다. 정보의 비대칭성이 줄어들었고 시장을 주도하는 플랫폼과 채널이 바뀌었다. 물론 모두 다 잘되는 것은 아니다. 하지만 회사에 계속 남는다고 해서 딱히 내 삶이 좋아지는 것도 아니다.

모든 사람들이 꿈꾸는 억대 연봉을 꼭 직장에서 이룰 필요는 없다. 사업을 하는 데 어마어마한 종잣돈이 들어가는 것도 아니다. 지금 필요한 것은 실행할 용기다. 내 사업을 위한 노력은 배신하지 않는다. 월수익 1,000만 원은 얼마든지 가능하다. 작게라도 파는 것이 중요하다.

　파는 사람은 돈을 벌고, 사는 사람은 돈을 쓴다. 돈과 재화
는 반대 방향으로 움직인다.

스스로 타석에서
내려오지 말자

야구를 좋아하는 사람들이라면 저마다 응원하는 팀이 있을 것이다. 나는 두산 베어스의 팬이다. 내가 타자라고 가정한다면 어떤 점이 가장 어려울까? 스트라이크 3개면 아웃이 된다는 것이다. A라는 타자에게만 아웃되지 않고 계속 배트를 휘두를 수 있는 특권이 있다면 어떨까? 안타를 칠 때까지, 하루 종일 아니면 일주일 내내 타석에 설 수 있다면 어떨까? A타자의 타율은 10할이 될 것이다.

우리 인생에는 정해진 아웃카운트가 없다. 내가 시도할 수 있는 횟수의 제한이 없다는 것이다. 다만 나 자신이 타인의 시선이나 평가에 대한 두려움으로 인해 스스로 타석에서 내려올 뿐이다. 그 부분만 해결하면 어떤 시도를 하든 내 자유다. 물론 계속 시도하려면 밑천이 필요하다.

밑천을 마련해서 계속 시도할 수만 있다면 결국에는 승자가 될 수 있다. 이익이 날 수 있는 소규모 사업을 지금 바로 시작하라고 말하는 이유도 여기에 있다. 수많은 실패를 하는 것이 실패하지 않는 방법이기 때문이다.

소득에는 세 종류가 있다. 내가 일을 해야만 흘러 들어오는 돈과 내가 가만히 앉아 있어도 자동으로 흘러 들어오는 돈이다. 바로 근로소득과 사업소득, 자본소득이다. 근로소득은 내가 멈추면 같이 멈춘다. 내가 아무리 열심히 일해도 근로소득은 한계가 정해져 있다.

하지만 근로소득으로 내 사업을 시작하면 얘기가 달라진다. 초반에는 시스템을 구축하는 데 비용이 들지만 수익구조가 잡히고 나면 소득이 증가하는 속도가 빨라지는 구간이 생긴다. 그러면 번 돈을 재투자해서 더 많은 수익을 창출할 수 있다. 부자일수록 더 부자가 되는 이유는 '총알'이 많기 때문이다. 도박판에서 결국 판돈이 많은 사람이 승리하는 것과 같은 원리다. 결국은 판돈을 계속 쏟아부을 수 있는 사람이 이길 수밖에 없다.

소득의 종류

- **근로소득** : 이 소득의 기본 재료는 '노동력'이다. 내가 멈추면 소득도 멈춘다. 반대로 말하자면 내가 움직이기만 하면 벌 수 있는 돈이다.

- **사업소득** : 이 소득의 기본 재료는 '생각'이다. 생각이 좋으면 돈과 노동이 따라온다. 따라서 생각이 좋다는 것을 증명하기 위해 돈과 노동이 거의 들지 않는 '생각' 중심으로 사업을 구성한다. '생각'이 좋다는 것이 증명되면 더 많은 돈과 노동이 따라온다. 투자나 동업 제안이 계속 들어올 것이며, 수많은 근로자가 노동력을 공급하고 싶어 할 것이다.

- **재산소득** : 이 소득의 기본 재료는 '돈'이다. 돈이 많을수록 더 많은 자산을 갖게 되고 더 많은 자산소득을 올리게 된다. 돈이 없으면 빌려서 할 수 있다. 빌리는 경우 소득 증가속도가 더 빠를 수 있지만, 더 빠르게 망하는 지름길이 될 수 있다. 이 소득은 근로소득과 사업소득을 지키고 키우기 위해 필수적이다. 자산을 쌓은 사람은 부자가 되고, 돈을 아무리 벌어도 자산이 하나도 없는 사람은 노동이 멈추거나 사업이 멈추는 순간 몰락하게 된다.

- **이전소득** : 이 소득의 기본 재료는 '없다'. 그냥 받는 돈들을 일컫는 말이다. 얼마 전 정부에서 전 '대한민국 국민'에게 나눠 준 '긴급재난지원금'처럼 일정한 자격이나 요건을 갖추면 그냥 얻게 되는 돈을 말한다. 근로·사업·재산소득을 올릴 수 없는 사람에게 국가에서 지원하는 금액 등이 여기에 포함된다.

문제는 우리처럼 평범한 사람들에게는 부자들처럼 많은 돈이 없다는 것이다. 적은 수익이라도 계속해서 나를 뒷받침해 줄 수 있는 시스템이 갖춰져야 계속 시도해나갈 수 있다. 단기간에는 실패하더라도 결국은 이길 수밖에 없는 구조를 만들어나가야 하는 것이다.

주식투자를 해서 배당을 받든 월세를 받든 한 달에 30만 원씩 돈이 들어오는 시스템을 만들었다면 한 달에 30만 원씩 투자할 수 있는 장사부터 시작하고, 그것을 모아 100만 원짜리 사업을 하고, 다시 모아서 1,000만 원짜리 수익구조를 만들어 나간다.

그 이상은 모르겠지만 30만 원짜리 사업이나 1,000만 원짜리 사업이나 기본적인 구조는 큰 차이가 없다. 30만 원짜리 사업 구조를 성공적으로 만들면 그것을 기반으로 100만 원짜리 사업을 만들기는 더 쉽다.

실패를 두려워하지 않는 것은 단순히 마인드의 문제가 아니라 환경의 문제다. 내가 어떤 환경을 구축하느냐에 따라 실패에 대한 두려움 자체가 스며들지 않을 수 있는 것이다. 이런 환경을 만들기 위해 지금 바로 시작해야 한다. 나처럼 의지력이 약하고 지극히 평범한 데다 잘난 것 하나 없는 사람이 사업을 시도했을 때 성공할 확률이 10%라면 열 번 이상 시도하면 된다. 그렇게 할 수 있는 환경을 만들기 위해서는 작은 사업부터 시작하고, 안정적인 사업구조가 만들어지기 전까지 근로소득을 버려서는 안 된다.

제로베이스에서
다시 시작하는 법

내가 사업에 실패해서 제로베이스로 돌아간다면 어떻게 할까? 모든 자산을 잃어버리고 남은 것이 하나도 없다면?

나는 일단 아르바이트를 해서 500만 원을 모을 것이다. 안정적인 소득구조를 만들 능력이 없는 상태에서는 1억 원이 있든 500만 원이 있든 큰 차이가 없다. 1억 원이 있다면 100만 원짜리 사업을 백 번 시도할 것이고, 500만 원이 있다면 100만 원짜리 사업을 다섯 번 시도할 것이다. 돈이 많든 적든 내가 할 수 있는 일을 하는 것이다.

500만 원으로 100만 원짜리 사업을 다섯 번 시도해서 모두 실패했다면 다시 아르바이트를 해서 500만 원을 모아 또다시 다섯 번 시도할 것이다. 짧게는 1~2년, 길게는 수년 동안 반복하다 보면 월 100만 원을 벌 수 있는 사업이 자리를 잡아 순이익을 500만 원까지 끌어올릴 수 있다. 그다음에는 매달 300만 원을 나의 인건비로 가져가고 남은 돈 200만 원은 다른 사업에 투자한다.

기존의 인프라를 활용하려면 처음 수익을 낸 사업과 연관된 아이템이어야 한다. 두 번째 사업에서도 수익이 나기 시작하면 성장 가능성이 더 높은 곳에 자원을 집중한다. 이런 식으로 사업을 확장하면 각각의 사업들이 서로 연결되면서 시너지가 생긴다. 그러면 그 사업들을 묶어서 더 큰 사업을 할 수 있다. 내가 지금 서 있는 곳도 바로 이 단계다.

자산이 어느 정도 축적되면 사업에 실패하더라도 밑천을 마련하기 위해 아르바이트를 하지 않아도 된다. 실패해도 다시 일어설 수 있는 것은 끈기 있고 강인한 근성 때문이 아니다. 사업이 잘되고 있을 때 최악의 상황을 준비했기 때문이다.

처음에는 종잣돈을 모으고, 사업에 투자해서 실패하면 다시 종잣돈을 모은다. 이렇게 반복하다 보면 첫 사업이 자리를 잡고, 수익구조가 자동화되면 잉여금으로 두 번째 사업을 시도한다. 지금까지 이뤄놓은 모든 것들이 내일 당장 사라진다고 해도 나는 처음부터 이 과정을 다시 시작할 것이다.

보통 사람들은 수 미터 높이에 매달린 외줄을 탈 수 없다. 하지만 외줄을 30센티미터 높이에 매달아 놓았다면 누구나 부담 없이 시도해볼 수 있다. 열정이나 도전 정신은 저절로 나오는 것이 아니다. 시도하고자 하는 마음을 끌어내는 환경을 만드는 것이 중요하다.

단순한 게 낫다

처음부터 복잡한 사업구조로 시작하는 사람들도 있다. 그렇게 하면 안 된다는 것이 아니다. 다만 나는 그렇게 하지 않았다. 물론 내 방식이 정답은 아니다. 사람마다 처한 상황과 능력이 다르므로 모든 사람에게 똑같이 적용할 수 있는 방식은 없다.

특정 사업 분야나 아이템에 대한 노하우와 지식을 가진 사람은 고도화된 사업구조로 시작해도 충분히 감당할지 모른다. 하지만 그렇지 않은 사람들은 최대한 단순한 사업구조로 시작해야 한다. 단순해야 돈이 어디서 어디로 흘러가는지, 어떤 식으로 돈이 벌리는지 원리를 파악하기 쉽다.

A라는 제품이 어디서 만들어져서 어떻게 나한테까지 왔는지를 역추적할 수 있어야 한다. 그래야 돈이 흘러가는 길이 보이고, 그 중에서 내가 할 수 있는 일을 떼어내면 된다. 제품이 흘러가는 방향과 돈이 흘러가는 방향은 서로 역방향이다.

돈의 흐름이 'A→B→C→D→E→F→G→……Z' 단계로 나뉜다고 가정할 때 나 같은 초심자는 한 구간에 집중했을 때 성공 확률이 가장 높다. 몇 가지 단계와 구조를 동시에 만족하는 사업을 짜내려면 사람들의 협력과 조율이 필요하다. 나 같은 초짜가 이런 협력과 조율을 원활하게 진행하기는 쉽지 않다.

처음 오프라인 매장 1호점을 열었을 때 인건비 부담과 투자금을 모으는 노력을 덜기 위해 동업을 했다. 각 업무 영역에 필요한 사람들이 모이면 좀 더 쉬울 거라고 생각했다. 하지만 동업이 가장 어려웠다. 사람들이 많아질수록 발을 맞추느라 속도가 느려진다. 2인 3각 달리기를 생각해보면 쉽게 알 수 있다. 내가 우사인 볼트와 다리를 묶고 달린다고 해서 속도가 빨라지는 것이 아니다. 오히려 더 느릴 수 있다.

대부분의 요소들이 시장에 이미 갖춰져 있는 사업을 고르면 적은 돈을 가지고 시작해도 부자의 길로 들어설 수 있다. 지금 자본이 전혀 없다면 우선 100만 원부터 모으면 된다. 백

수였던 '창업다마고치'는 50만 원으로 스마트스토어를 시작했고, 500만 원, 1,000만 원 순으로 단계별로 종잣돈을 만들었다.

종잣돈을 모으기 위해 '생활비를 아껴라, 저축을 해라'는 소리는 많이 들었을 것이다. 어떤 사람들은 돈 모으기 같은 단순한 일도 복잡하게 생각하고 공부를 한다. 회사 생활을 하면 복잡하게 생각하는 것에 익숙해진다. 당연히 A가 더 좋다고 판단되는 상황에서도 각 부서 간의 KPI(핵심성과지표) 충돌, 부장님의 임원 승진, 나와 과장님의 인사고과 등을 고려해야 하기 때문이다. 그런 습관은 그냥 버리는 게 낫다. 돈은 안 쓰면 모인다.

단순한 일도 연관된 사람이 많아지고 주변에서 이렇게 해라, 저렇게 해라 훈수를 두면 불필요한 오해가 생긴다. 공든 탑이 무너지는 순간이다. 하기 싫다는 생각이 머릿속에 자리 잡는다. 우리는 여럿이 옮겨야 하는 돌탑을 쌓지 말고, 한 알씩 아니면 한 움큼씩 옮기는 모래성을 쌓아야 한다. 모래성은 계속 무너지면서 옆으로 퍼진다. 계속 모래를 붓다 보면 옆으로 퍼진 모래들이 결국 쌓인다. 모래들이 흘러내리면서 자연스럽게 기반이 다져지고, 결국에는 밀어도 모양은 변할지언정 무너지지 않는 성이 된다.

복잡하게
돈 모으는 법

지금 은행이자는 1%대도 무너져 0%대다. 그래서인지 요즘 젊은 세대는 저축 외에 주식과 펀드에 관심이 많다. 펀드와 주식 모두 원금 보장이 되지는 않지만 부동산보다는 훨씬 적은 돈으로 시작할 수 있고 환금성도 좋다. 개인이 회사의 주식을 직접 사는 것보다 전문가가 운영하는 펀드가 조금은 안전하다. 일단 위험 분산이 되어 있기 때문이다.

나 역시 펀드로 종잣돈을 모았다. 경제방송국에서 글로벌 경제 동향에 대한 프로그램을 맡고 있을 때였다. 매일같이 증권사 애널리스트들과 자산운용사 펀드매니저들을 만날 기회가 있었으니 금융 공부를 하기도 좋은 환경이었다.

맨 처음 발을 담근 것은 일본 펀드였다. 2013년 4월부터 아베 총리가 경기 부양을 위해 양적완화를 시작한다는 소식을 듣고 유심히 살펴보니 엔화의 움직임이 심상치 않았다.

보통 외국인 자본이 유치되면 자국 통화는 강세가 된다. 수요가 늘어나면 가격이 올라가기 때문이다. 당시 외국인의 일본 국채 투자도 늘고 니케이225 지수도 방향을 바꿨다. 그런데 엔화는 갈수록 약세를 보였다. 돈이 외부에서 유입되는 속도보다 더 빠르게 통화를 풀고 있다는 뜻이었다. 그런데 그런 상황이 지속되고 있었다. 국내에서는 '아베노믹스의 실패', '아베의 부러진 3개의 화살' 같은 기사들이 나오고 있었는데 주가는 전혀 그렇지 않았다.

그때 나는 엔화 약세에 따른 손실을 없애기 위해 환율 변동에 대한 헤지가 가능한 상품을 찾아서 가입했다. 니케이 지수에 연계한 펀드에 투자한 이후 니케이 지수가 예상보다 훨씬 더 많이 뛰었다. '이대로만 가면 부자가 될 수 있겠다'는 생각마저 들었다.

하지만 상황이 바뀌기 시작했다. 글로벌 경제 흐름을 주도하는 미국의 연방준비제도이사회FRB 의장이었던 벤 버냉키가 테이퍼링tapering(양적완화를 축소해나가는 출구 전략)을 발표한 것이었다. 경기 회복을 위해 풀었던 통화량을 조금씩 거둬들이겠다는 의미였다.

버냉키의 발표가 있던 날 우리나라 국채 가격이 크게 떨어졌다. 국채 가격이 하락한다는 것은 사는 사람이 없다는 것이고, 그것은 곧 금리 상승을 뜻한다. 금리는 마트의 '1+1' 행사와 같다. 채권이 안 팔릴 것 같으면 금리(할인)를 더 준다. 버냉키가 달러 공급을 줄인다고 발표했으니, 그냥 그 말을 믿고 달러 ETF를 샀다.

운 좋게도 달러가 올랐지만 애초에 투자한 금액이 너무 적다 보니 그 고생을 하고도 내 손에 들어온 돈은 3,000만 원이채 되지 않았다. 그 돈을 마련하고 공부하는 데 들인 시간을 생각하면 인건비도 안 나오는 선택이었다. 그냥 안 쓰고 모을걸 그랬다는 생각이 들었다.

원금보장형 사업을
하는 법

나에게 종잣돈 1억 원이 있다면 연간 5~8% 정도 수익을 낼수 있는 배당주나 월세를 받는 부동산에 투자할 것이다. 그러면 매년 500만~800만 원의 고정수익이 생긴다. 그중 100만~200만 원을 투자해 1년 동안 소규모 사업을 수차례 시도한다. 100만 원짜리 사업을 시도하다가 실패해도 50만 원은 건질 수 있다. 그러다 하나라도 성공하면 그다음 해 수익 500만~800만 원을 투자해서 그 사업을 키우는 것이다.

실패해도 다시 일어설 수 있어야 좌절하지 않고 계속 시도해서 경험과 노하우가 쌓인다. 그러면 사업을 할수록 점점 성공 확률이 높아진다. 더구나 수차례 도전하는 동안에도 1억 원의 종잣돈은 쉬지 않고 굴러가 매년 밑천을 채워준다. 1억 원을 가지고 1억 원짜리 사업에 투자해서 실패하면 몇천만 원도 건질 수 없다. 지출은 규모에 비례하기 때문이다.

"1억 원짜리 사업과 100만 원짜리 사업은 진입 장벽과 경쟁 수준이 다르다. 내가 할 수 있는 최대한의 총알을 써야 한다. 사업은 결코 만만한 것이 아니다."

이것은 전문적인 사업가들에게나 해당되는 말이다. 사업 경험이 전혀 없는 상태에서 1억 원짜리 오프라인 매장을 여는 것과 100만 원짜리 온라인 쇼핑몰을 하는 것 중에 성공 가능성은 어느 쪽이 더 높을까?

여기서 핵심은 우리는 초짜라는 것이다. 초보가 전 재산 1억 원을 투자한다는 것은 무모한 짓이다. 나에게는 온 세상 같은 1억 원이지만 장사의 세계에서는 100만 원이나 1억 원이나 다를 바가 없는 돈이다. 1억 원으로 만들 수 있는 진입 장벽은 거의 없는 것이나 마찬가지다. 특히 처음 장사를 시작한 사람이 조달한 1억 원은 그냥 녹아 없어진다고 생각해도 된다. 그럴 바에는 100만 원으로 사업을 백 번 배우는 것이 낫다. 100만 원을 투자한 사업이 실패하면 경험을 얻지만, 1억 원을 투자한 사업이 실패하면 인생의 위기에 부딪히고 좌절한다. 한쪽은 리스크가 거의 없고, 다른 한쪽은 내 삶이 흔들릴 수 있다. 사업가들에게는 코 묻은 돈이지만 내게는 인생의 전부일지도 모르는 1억 원이다. 어차피 전 재산을 투입한다고 해도 그들의 경쟁 상대가 되지 못한다.

모든 것을 걸었다가 실패하면 열정 따위는 더 이상 남지 않는다. 사업에서 실패는 필연적이다. 처음 시도해서 곧바로 성공하는 사람은 극히 드물다.

실패하더라도 계속 도전하려면 내 모든 것을 걸어서는 안 된다. 모두 잃은 상황에서 정신을 똑바로 차리고 있기가 쉽지 않다. 좌절감을 벗어나 몸과 마음을 회복하는 데만 적지 않은 시간이 걸릴 것이다.

나는 그저 평범한 사람이다. 특출난 능력을 지닌 것도 아니다. 그럴수록 실패해도 넘어지지 않는 구조를 만드는 것이 중요하다. 그런 상황에 처하지 않는 환경을 만드는 것이다. 무엇보다 내 능력을 객관적으로 파악해야 한다. 의지가 남다르지도 않다, 투자를 받을 만큼 능력이 뛰어나지도 않다, 부모가 계속 밑천을 대줄 형편도 못 된다, 이런 상황에서 한두 번의 실패에도 좌절하지 않기 위해서는 최대한 종잣돈을 잃지 않아야 한다.

돈에
미친 사람

나는 '돈미새'(돈에 미친 새끼)이며, '자낳괴'(자본주의가 낳은 괴물)
이다. 한 설문조사에 의하면 응답자의 절반 이상이 부자들은
부도덕한 수단으로 돈을 벌었다고 생각한다고 한다. 하지만
부자들이 가난한 사람보다 도덕적이지 않다는 근거는 어디에
도 없다.

나도 30년 가까이 살아오면서 돈은 그리 중요하지 않다고
생각했다. 돈보다 중요한 가치가 많다고 생각하며 돈을 외면
했다. 당연히 돈보다 중요한 가치가 많다. 그러나 그 가치를
지키기 위해서 돈이 필요하다는 것을 몰랐다. 돈의 가치가 압

도적으로 느껴지는 순간이 찾아오자 너무도 고통스러웠고 스스로가 무력하게 느껴졌다. 기존의 가치관이 한순간에 흔들렸다.

돈보다 중요한 가치들을 조금씩 포기하면서 모아놓은 돈이 우리를 지켜주는 순간이 온다. 자본주의 사회에서 돈보다 더 중요한 가치를 지켜주는 것이 바로 돈이다. 우리가 돈을 벌어야 하는 이유는 역설적이게도 돈이 최고의 가치로 튀어나오는 순간을 줄이기 위해서다. 그 순간이 언제인가? 바로 돈이 가장 필요할 때이다.

어느 날 갑자기 다니던 직장에서 해고된다면 어떨까? 새로운 직장을 찾으려고 하지만 불경기에 고용시장은 얼어붙었다. 당장의 생활비도 빠듯한 상황에서 사업을 시작할 수도 없다.

혹은 전세 만기가 다가오자 집주인이 갑자기 전세금을 5,000만 원 올려달라고 한다. 저금리 상황으로 부동산 시장이 침체되면서 전세 수요가 늘어나다 보니 전세 시세가 대폭 올랐다는 것이다. 지금 가진 전세금으로 집을 얻으려면 외곽으로 나갈 수밖에 없다.

이처럼 돈이 절대적으로 필요한 순간은 무수히 많다. 자본주의 사회는 냉정하다. 그 안에서 살아가는 구성원들도 마찬가지다. 내가 잘될 때는 주변에 사람들이 넘쳐나지만 망해서 쓰러지면 누가 내 손을 잡아줄까? 자기 살기도 바쁜데 누가 내게 손을 내밀어줄 것인가? 돈이 없으면 가족도 친척도 남이 되기 일쑤다.

자본주의 사회에서는 그만큼 돈이 중요하다. 돈에 관해 이야기하거나 투자를 계획하는 행위 자체를 터부시할 필요가 없다.

4

나는

내가 먹여

살린다

KI

EP GOING

나는 처음에 70만 원을 가지고 온라인 쇼핑몰을 시작했다.
소액으로 시작했지만 2년 정도 지나자 월 최고 매출이 7,000만 원에 달했다.

쇼핑몰
하지 마세요

"쇼핑몰 하면 십중팔구 망해. 절대 하지 마."

"자영업자 80%가 2년 내에 폐업하는 거 몰라? 섣불리 뛰어들다간 본전도 못 건져."

내가 쇼핑몰을 처음 시작한다고 했을 때 주위 사람들에게 들은 말이다. 이거 하면 어떨까, 저거 하면 어떨까, 물어보면 십중팔구 저런 대답이 나온다. 그럼에도 쇼핑몰을 시작했고 처음에는 잘 안 됐다.

주변에서는 '그것 봐'라며 시작하지 않았으면 좋았을 것이라고 했다. 하던 일이나 잘하고 송충이는 솔잎을 먹어야 한다고 했다. 그런데 그것을 기반으로 수익을 얻었고, 유튜브 콘텐츠를 열었으며, 새로운 형태의 삶을 살게 됐다.

곰곰이 생각해보면 어차피 잘 안될 거라고 말하는 사람들 중에 시도해본 사람은 없다. 평소 우리는 성공한 사람들의 말보다 실패한 사람들의 말을 더 많이 들을 수밖에 없다. 당연히 성공한 사람의 숫자가 더 적기 때문이다.

취업에서 떨어질 확률이 높을까, 붙을 확률이 높을까? 어차피 떨어질 확률이 높으니 면접을 볼 필요도 없는 걸까? 수험생에게 어차피 서울대 들어갈 가능성이 없으니 공부하지 말라고 해야 할까? 사업뿐 아니라 세상 모든 일들이 성공할 가능성보다 실패할 가능성이 더 크다. 성공할 가능성이 더 크다면 세상 사람들 모두 부자가 될 것이다.

어차피 안될 거니까 하지 말라고 하는 사람들 중에 진지하게 조언하는 사람은 거의 없다. 반대로 한번 해보라고 하는 사람도 마찬가지다. 그냥 하는 말이다. 남의 인생에 대해 진지하게 생각해볼 만큼 여유 있는 사람은 거의 없다.

지금까지 어떻게 돈을 벌게 됐는지 물어보는 사람들이 매우 많다. 그때마다 나는 운이 좋았다고 말한다. 그래도 물어보는 사람들에게는 운이 좋아질 때까지 버텼다고 말한다. 그래도 물어보는 사람들에게는 100만 원도 안 되는 사업을 여러 번 시도했고, 여전히 100만 원짜리 사업을 시도한다고 말한다. 그러면 이렇게 반문한다.

"세상에 100만 원으로 할 수 있는 사업이 어딨어요? 1억 원을 부어도 안 되는데."

예를 들어 인테리어 소품을 팔고 싶다고 가정하면 포장용 OPP(연신폴리프로필렌) 봉투를 사서 로고 스티커를 제작해서 붙인다. 로고 제작은 크몽(프리랜서 마켓) 같은 업체를 이용하거나 할 줄 알면 직접 만든다.

제품은 인터넷에서 사도 되고 중국에서 사도 된다. 정 귀찮으면 국내에서 소매로 파는 최저가 상품을 몇 개 사다가 패키지를 만들어도 된다. 얼마나 팔릴지 모르니 한 20개만 산다.

스티커는 보통 1,000장 단위로 인쇄해주는데 비용이 얼마 들지 않는다. 1,000장 만들어서 20장 쓰고 남은 건 나중에 쓰면 된다. 인터넷에 스티커 인쇄라고 검색하면 무수히 많은 업체가 나온다. 제품에 이름을 찍을 수도 있다. 이런 식으로 온라인 쇼핑몰에서 팔면 된다.

그다음 필요한 것은 홈페이지를 디자인하는 것이다. 워드프레스Wordpress나 윅스WIX 또는 그누보드Gnuboard 등을 활용하면 된다. 홈페이지 만드는 방법을 소개하는 유튜브 동영상도 많다. 직접 만들기 어렵다면 테마포레스트Themeforest라는 사이트에서 제작된 워드프레스 테마를 구매해도 된다. 홈페이지 제작도 귀찮고 URL(인터넷 주소) 이용료도 아끼고 싶다면 네이버 스마트스토어에서 팔면 된다. 스마트스토어를 이용하면 PG(소액 결제 대행 서비스)나 URL 비용이 들지 않는다. 카페24에서도 무료로 온라인 쇼핑몰을 만들 수 있다.

샘플 20개가 다 팔릴 때까지 얼마의 시간이 걸리고 얼마의 비용이 들어가는지 테스트해보자. 오프라인 매장은 물건이 안 팔려도 최소 1년은 임대 계약을 유지해야 한다. 하지만 온라인 쇼핑몰은 임대료가 필요 없다. 샘플 20개를 팔아봤는데 반응이 썩 좋지 않다면 바로 접어버리면 된다. 이 과정을 반복하면서 여러 가지 아이템과 판매 방식을 테스트해볼 수 있다. 자, 이제 나만의 돈 만드는 기계가 하나 생겼다.

지금부터 고민할 것은 단 하나다. 손님을 어떻게 끌어올 것인가? 그중 하나가 내가 온라인에서 공개한 네이버 검색 트래픽을 활용하는 방법이다. 손님을 유입하는 방법은 정답이 없고 어떤 채널이든 이용하면 된다. 블로그, 인스타그램, 유튜브, 카페, 밴드, 틱톡, 배너, 브런치, 언론기사 등 무엇이든 가능하다. 무엇이 맞네 틀리네 하는 것은 아무 의미 없다. 손님을 끌어오는 데 드는 비용 대비 이익이 더 높기만 하다면 그때부터 돈이 굴러 들어올 것이다.

재능이 있다면 재능을 팔 수 있고, 물건이 있다면 물건을 팔 수 있다. 기존 채널에 있는 트래픽을 끌어오는 것을 넘어서서 스스로 트래픽을 만들 수 있다면 돈은 거의 자동으로 따라온다. 내가 유튜브나 '클래스101'을 통해 공개한 검색 기반의 유입을 만드는 방식은 수많은 옵션 중에 단지 하나에 불과하다.

어차피 잃어도
100만 원

처음에는 제품이 단 1개도 팔리지 않을 수 있다. 판매는 축구에서 골을 넣는 것이다. 처음부터 판매되는 것은 골키퍼가 공을 차서 바로 상대의 골문에 넣는 것과 같다. 판매라는 골 이전에는 무엇이 있을까? 장바구니 넣기나 결제 페이지가 있을 것이다. 결제 페이지에서 결제 완료를 하지 않고 빠져나간 사람이 있다면 기회를 찾은 것이다. 네이버페이나 카카오페이를 붙여서 결제 방식을 개선하든지 마지막 팝업을 띄우든지 해서 최후의 결제 페이지까지 끌어들인다. 결제 페이지에 아무도 없다면 어떻게 해야 할까? 상세 페이지를 본 사람이 1명이라도 있었는지 찾아본다. 상세 페이지에서 빠져나간 사람들이 있다면 여기서 다음 단계로 넘길 수 있는 방식을 생각한다. 내 상품의 장점을 어필할 수 있도록 설득 방식을 바꾸거나 "아직도 OOO 하고 있으세요?"라며 경쟁 상대의 단점을 고객에게 세련된 방식으로 고자질해도 된다.

상세 페이지에도 사람이 없다면 내 상품이 어디에 노출되고 있는지 찾아야 한다. 백화점 창고에 내 물건을 두고 손님이 창고까지 들어와서 발견해주기를 바라는 사람은 아무도 없을 것이다. 그런데 종종 우리는 온라인에서 그런 행동을 한다. 좋은 물건이 창고에 있으면 사람들이 창고 문을 열고 구경하러 들어올 것이라고 생각한다. 가끔 플리마켓에 나가보면 좋은 자리를 놓고 상인들끼리 말다툼을 하거나 제비뽑기를 하는 경우가 있다. 오프라인에서는 노출에 목숨을 걸면서 온라인에서는 가만히 있는다.

이 단계에서 빠르게 성과를 볼 수 있는 것이 광고다. 페이스북이나 블로그 또는 유튜브 같은 SNS를 이용하는 데는 돈이 들지 않는다. 네이버 같은 포털사이트나 SNS에서는 소액으로 광고를 집행할 수 있다. 예를 들어 광고를 해서 100명이 방문했을 때 제품이 3개 정도 팔렸다면 내 제품의 전환율은 3%이다. 아직 이 단계에서는 택배 계약을 할 필요가 없다. 그냥 편의점 택배를 이용해도 된다. 택배 계약은 사업 아이템이 확실하게 정해진 다음에 해도 늦지 않다. 밑그림을 그리는 단계에서 세부적인 것까지 신경 쓸 필요는 없다.

샘플 10개를 모두 파는 데 생각보다 더 오래 걸리거나 비용이 너무 많이 든다면 다른 아이템을 알아본다. 어차피 잃어도 최대 100만 원이고 보통 5만~10만 원이니 너무 고민할 필요 없다. 얼마든지 회복할 수 있는 돈이다. 노출당 비용과 이익을 비교했을 때 앞으로 성장 가능성이 보인다면 로고 스티커 디자인이나 브랜딩을 재구성하고 사진과 상세 페이지의 수준을 높인다.

효율적인 마케팅과 광고 분석도 하고 택배 계약도 추진한다. 재구매율을 높이기 위해 기존 고객과 신규 고객을 위한 이벤트도 준비한다. 그다음에는 함께 구매하면 좋은 상품들을 옵션으로 채워 넣거나 유사한 제품들을 준비해서 한번 들어온 손님이 무엇이라도 사서 나갈 수 있는 요소를 채워 넣는다.

이런 작업들은 어느 정도 판매될 때 해야 한다. 전략 시뮬레이션 게임에 비유해보자. 상대에게 밀리는 상황에서 공격을 가하면 패할 가능성이 높다. 이때는 입구를 막고 장기전으로 끌고 가야 한다. 물건이 전혀 팔리지 않는 상태에서 마케팅과 광고를 쏟아붓는 것은 시간과 에너지 낭비다.

《손자병법》〈군형편軍形篇〉에서 말하는 '선승이후구전先勝而後求戰', 즉 '이겨놓고 싸운다'는 전략이 필요하다. 승리하는 군대는 먼저 이겨놓고 나중에 싸우며, 패배하는 군대는 먼저 싸우고 나중에 승리를 구하려 한다. 승리의 조건을 다 갖추고 싸우면 패하지 않는 법이다. 사업에서도 성공의 밑그림이 그려지기 전에 공격적으로 나가면 결국 쓰러지게 된다.

100만 원도 안 되는 작은 사업을 다섯 번 시도하는 과정에서 기회를 발견할 수도 있고, 스무 번 만에 발견할 수도 있다. 백 번 만에 기회를 찾는 사람도 있을 것이다.

사람들의 취향은 각자 다르다. 나에게 필요하다고 해서, 내가 좋아한다고 해서 다른 사람들도 사는 것은 아니다. 어떤 제품이 얼마나 많은 고객들의 취향을 충족할지는 아무도 모른다. 더구나 사람들의 취향은 시대에 따라 계속 변한다. 끊임없이 시도하면서 학습해가는 것이 가장 적합한 아이템을 찾는 가장 빠르고 좋은 방법이다.

누군가는 100만 원도 적은 돈이 아니라고 말할 것이다. 맞는 말이다. 스마트폰 최신 기종으로 바꿀 수 있는 돈이다. 스마트폰을 바꾸지 않고 100만 원짜리 사업을 시도하면 실패하더라도 훨씬 더 큰 가치를 얻는다. 단순히 교훈을 얻는 것을 넘어서서 작은 실패가 100만 원보다 훨씬 더 많은 돈을 벌 수

있는 밑바탕이 된다. 100만 원을 투자해서 여러분의 인생이
바뀔 수 있다. 100만 원이 아깝다면 10만 원만 투자해서 테스
트해보자.

돈이 모이는
구조

자산이 많아서 배당이나 월세로만 월 1,000만 원 이상 버는 사람들에게는 1,000만 원이 별것 아닐 수 있다. 하지만 나에게 월 순익 1,000만 원은 나름의 현실적인 부자의 기준이었다.

우선 월 1,000만 원에 대한 수익구조를 세운 다음 어떻게 하면 그 돈을 벌 수 있는지 알아보자. 지금 당장 1,000만 원을 벌 수는 없으니 일단 100만 원부터 계산해보자.

2020년 최저 시급이 8,590원이라고 가정했을 때 한 달에 100만 원을 벌려면 약 116시간 일해야 한다. 휴일을 제외하고 하루에 약 5시간씩 일하면 된다. 여기에 주휴수당을 더하면

100만 원이 넘는다. 이렇게 일하면 누구나 월 100만 원을 벌 수 있다.

이제 목표를 10배 키워보자. 1,000만 원을 벌려면 하루에 약 50시간 일하면 된다. 내가 직접 일할 때 그렇다. 하루는 24시간이니 시간당 8,590원의 순이익이 남는 판매 페이지를 2개 만들면 된다.

월 1,000만 원을 벌려면 마진이 1만 원인 제품을 하루에 30개씩 팔아야 한다. 마진이 1만 원인 제품이 하루에 10개 정도 팔린다고 하자. 월 1,000만 원의 수익을 올리려면 그런 제품이 3개 있으면 된다.

이처럼 처음에는 단순 계산으로 수익구조를 짜놓아야 한다. 처음에는 불가능해 보일 것이다. 하지만 1개를 파는 것부터 시작해 점점 늘려나가면 된다. 전혀 판매되지 않는다면 포기할 것이 아니라 판매 이전에 무엇이 필요한지를 살펴야 한다.

판매하기 직전에는 어떤 일이 있을까? 상세 페이지를 보는 사람이 있을 것이다. 상세 페이지를 보러 들어오는 사람은 있는데 사는 사람이 없다면 상세 페이지를 바꿔야 한다. 최소한 팔리는 다른 제품과 비슷한 정도로 맞춰놓아야 한다.

상세 페이지를 보러 들어오는 사람도 없다면 그 전 단계를 살펴보자. 필요한 물건을 사려고 검색하는 사람이 있을 것이다. 네이버 스마트스토어는 검색해서 나오는 노출량을 친절히 알려준다.

노출도 되지 않는 경우는 2가지다. 노출 규칙을 어겼거나, 검색하는 사람이 없거나. 그렇다면 이 상품을 필요로 하는 사람들이 검색하는 단어로 제목을 바꿔야 한다.

단어를 바꿔도 노출되지 않고 애초에 검색 숫자가 낮다면 또 2가지 선택을 할 수 있다. 검색 노출이 아닌 다른 노출 경로를 만들어내거나, 검색 노출이 되는 상품으로 변경하는 것이다. 검색 노출이 아닌 다른 노출 경로는 배너 광고, 쇼핑 광고, 검색 광고, 블로그, 인스타그램, 페이스북, 유튜브, 보도자료, 카페, 지식인 등 여러 가지가 있다. 돈을 들일 수 있다면 광고를 하고, 학습과 노동에 자신 있다면 돈 안 드는 마케팅을 배워서 적용해본다.

상품을 변경하기 위해서는 구글 검색을 하든지, 국내외 박람회에 참여하든지, 도매시장을 가본다. 아니면 잘 팔리는 다른 스토어 주인에게 부탁하는 방법도 있다. 물건을 구하기 어렵다면 재능을 판다. 재능이 없다면 배운다. 배우기도 싫다면 어쩔 수 없이 다시 월급을 받고 노동력과 인생을 파는 수밖에 없다.

이런 식으로 문제가 발생하면 해결안을 떠올리고, 그 단계에서 해결할 수 없다면 그 이전의 문제를 해결해서 다음 단계로 나가야 한다. 안 되는 방식을 계속 고집해서는 안 된다. 안 되면 되게 하는 것이 아니라 원인을 파악하고 왜 안 되는지 신중히 검토해서 수정하고, 수정할 수 없는 문제라면 첫 단계로 돌아가야 한다.

이 모든 과정을 모든 상품에 시도한다면 얼마나 많은 리소스가 투입되어야 할지 엄두도 나지 않는다. 그래서 팔리는 상품을 찾고 그것을 개발해야 한다. 과장을 조금 보태자면 안 팔리는 상품을 팔리게 하기 위한 노력의 10%만 투입해도 팔리는 상품을 10배 더 팔 수 있다.

장사의 문,
누구에게나 열려 있다

온라인 쇼핑몰로 월급 이상의 돈을 버는 사람도 있지만, 망했다는 사람도 적지 않다. 이미 레드오션이라느니, 경쟁이 심해서 마진이 거의 없다느니, 사업을 시작하려고 할 때는 긍정적인 이야기보다 부정적인 이야기가 더 많이 들린다.

장사의 기본은 몇천 년 전이나 지금이나 동일하다. 누군가에게 물건을 팔고 돈을 받는 것이다. 다만 판매하는 방식이 달라졌을 뿐이다. 지금처럼 장사 초보자가 관련 데이터들을 쉽게 접할 수 있는 시대가 없었다. 누구에게나 시장의 문이 열려있는 것이다.

비즈니스 파트너 관계에 있던 사람에게 스마트스토어 개점을 권유한 적이 있다. 기존에 이미 사업 기반을 다져놓은 사람이었다. 그는 내 말을 듣고 스마트스토어를 시작했다. 개점 초기에는 접속하는 사람은 많았지만 판매로 이어지지 않았다.

초반에는 판매가 거의 이뤄지지 않다가 5일째 되는 날 하루 매출이 35만 원을 넘어섰다. 그다음 날은 매출 48만 원을 올렸다. 7일 차에는 매출이 4배로 뛰면서 196만 원을 달성했다. 8일 차에도 164만 원의 매출을 올렸다. 그때 판매한 상품은 반려동물의 털을 제거하는 브러시였다. 롤테이프를 갈아 끼우는 방식이 아니라 리필이나 세척하지 않고 반영구적으로 쓸 수 있는 제품이었다. 중국에서 대량으로 들여와 브랜딩을 해서 판매한 것이었다. 반려동물을 기르는 사람들이 아니면 딱히 필요 없는데도 단기간에 높은 판매고를 올렸다. 당시 재고 부족으로 외부 노출 수를 일부러 줄이기도 했다.

이처럼 사업 기반이 탄탄하게 갖춰진 사람도 동일한 출발선에서 시작하는 것이 스마트스토어다. 그러니 사업 초짜라고 겁먹을 필요 없다.

더구나 스마트스토어는 인터넷으로 모든 작업이 이루어지니 생업을 유지하면서 얼마든지 운영할 수 있다. 노출량을 확보하고 클릭률을 높이고, 유입량을 확보하고 전환율을 올리고, CS(고객관리) 응대를 잘하면 돈을 벌 수 있다. 각 과정에서 필요한 지식을 배우고 적극적으로 해나가면 된다. 지식은 배울 수 있고 자본은 벌 수 있다. 큰 기업을 만들기는 어렵지만 1명이 따뜻하게 먹고살 수는 있다.

처음부터 걷는
아기는 없다

월급쟁이로 성공했다고 하면 어느 정도의 경력을 쌓아야 할까? 보통 임원이 되고 10년을 더 재직하면 노후가 보장된다고 한다. 회사에 임원이 몇 명이나 되는지 그들의 평균 근속 기간을 알아보자. 비율을 따져보면 입사 동기 중에 단 한 명도 임원이 되기 힘들 것이다. 더구나 임원은 노동법의 적용도 받지 못한다. 당장 내일 해고돼도 법적으로 호소할 수 없다. 연봉이 높다 보니 회사가 어려워지면 명예퇴직 1순위다. 임원 10년 근속이란 사업해서 성공하기보다 어려워 보인다.

지인 중 한 명은 대기업에 다니면서 부업으로 쇼핑몰을 운영해서 월 순익 2,000만 원을 올리기도 했다. 부업이 연봉을 훨씬 능가한 것이다(그는 2020년 4월 회사를 그만뒀다). 매월 월급도 따박따박 들어오고 부업으로 1,000만 원 이상 벌어들이니 웬만한 건물주 부럽지 않다.

"회사에 다니면서 투잡으로 온라인 쇼핑몰 사업을 할 수 있을까요?"

결론부터 말하면 당연히 가능하다. 이미 많은 사람들이 가능성을 증명하고 있다.

온라인 사업은 결코 직장 생활보다 어렵지 않다. 단계별로 살펴보자. 첫째, 물건을 사들여서 사진을 찍는다. 둘째, 상세 페이지를 만들어서 업로드한다. 셋째, 주문이 들어오면 배송하고 고객 상담cs을 해준다. 업로드와 CS는 노트북만 있으면 어디서든 할 수 있다. 특히 CS는 카카오톡으로 할 수도 있고, 스토어팜은 '네이버 톡톡' 메신저 기능을 제공한다. 나머지는 아웃소싱으로 처리하면 된다.

첫째, 물건은 어디서 구해야 할까? 박람회를 참관하거나 도매시장을 직접 둘러보는 방법이 있다. 처음부터 기막힌 물건을 찾는 꼼수를 기대하기보다는 차근차근 인적, 물적 네트워크를 쌓아나가는 것이 좋다. 샘플을 하나씩 받아보면 좋은 물건을 직접 선별할 수 있는 기반이 자연스럽게 갖춰진다.

좀 더 쉽게 물건을 구하는 방법은 도매토피아www.dometopia.com, 도매꾹domeggook.com, 온채널www.onch3.co.kr, 오너클랜ownerclan.com 같은 사이트를 이용하는 것이다. 쇼핑몰을 하는 사람들은 누구나 알고 있다. 사이트에 들어가면 수많은 상품이 나온다. 물론 그중에는 잘 팔리는 제품도 있고, 거의 팔리지 않는 제품도 있다. 이런 사이트에서 물건을 매입해 월 600만 원 이상 순이익을 올리는 사람도 있다.

시장에서 널리 팔리면서 가격이 어느 정도 형성된 물건은 경쟁력이 없다. 정해진 가격이 없는 물건, 즉 아직 시장이 형성되지 않은 아이템이 초보자에게는 오히려 좋다. 도매꾹 같은 사이트에도 이런 물건들이 많다. 하지만 대부분의 사람들은 눈에 많이 띄는 제품이 핫하다고 생각한다.

예를 들어 휴대폰은 70만 원에서 100만 원 사이로 가격이 정해져 있다. 이런 물건은 많이 팔아도 마진이 제한적이다. "도대체 얼마에 팔아야 되지? 나라면 얼마에 살까?" 이런 고민을 하는 제품들이 있다. 초보자들은 이런 아이템을 선택하는 것이 좋다. 내가 올리는 가격이 곧 시장가이기 때문이다. 비교 대상이 없으니 어떤 범주에서 어떤 글귀로 홍보할지도 내 마음대로 하면 된다. 시장 가능성이 무한히 열려 있는 셈이다.

반대로 이미 시장에서 자리 잡은 아이템들은 정해진 룰에서 벗어나기 어렵다. 이런 상품을 주력으로 내세우면 자본 경쟁으로 가기 쉽고 초보자는 더 쉽게 지친다. 처음부터 걸을 줄 아는 아기는 없다. 이제서야 장사꾼으로 다시 태어났다면 아직 기어도 된다. 겨우 걷는 것도 돌이 지나야 한다.

처음부터 세련된 판매 방식이나 상세 페이지 디자인 또는 브랜딩을 생각할 필요 없다. 제목을 짓고 로고 만드는 데 며칠씩 고민하지 않아도 된다. 판매하는 도중에 얼마든지 바꿀 수 있다. 문과 이과처럼 한번 정하면 입시 때까지 못 바꾸는 것이 아니다. 처음부터 애플 수준의 브랜딩을 할 필요도 없고 능력도 안 된다. 프로 소비자의 눈높이로 시작하려면 아무것도 하지 못한다.

첫 아이템이 실패해도 그 실패에서 배우고 꾸준히 개선하는 것이 중요하다. 실패에서 아무것도 배우지 못하고 기존의 방식을 계속 반복한다면 성장할 수 없다. 실패가 남긴 흔적 하나하나를 곱씹어보고 어디에서 실패했는지 역추적해야 한다.

보통은 첫 번째 실패에서 좌절한다. 어떤 사람은 똑같은 방식으로 백 번 시도하면서 아무리 해도 안 된다고 생각한다. 잘하는 업체를 보고 배우고, 스스로의 실패를 돌아보면서 개선할 점과 안 되는 원인을 찾아서 해결하는 데 집중해야 한다.

성과를 얻을 때까지 걸리는 시간의 편차는 있어도 포기하지 않는다면 결과는 나타나게 마련이다. 외국인의 유입으로 대한민국의 인구는 아직 줄지 않았다. 오프라인 매장들이 폐업한 만큼 온라인 마켓의 규모가 커지고 있다. 구매력을 갖춘 소비자들은 여전히 물건을 찾고 있다.

인맥이 없어도
성공할 수 있다

"친구한테 경쟁력 있는 업체 사장님을 소개받았어요. 위탁 배송을 해주고 판매해서 입금되면 결제하는 방식으로 시작할 수 있게 되었죠. 훨씬 수월했어요."

이런 도움을 받았다면 이것의 가치는 얼마일까? 어떤 사람에게는 0원일 수 있다. 소개를 받아도 하나도 팔지 못하면 이런 관계는 끊어지게 된다. 한쪽만 배려하는 관계는 절대 지속할 수 없다. 반대로 잘 팔면 없던 인맥도 엄청나게 쏟아진다. 어떤 사람들은 인맥이 없다는 이유로 사업을 시작하지 않으려고 한다. 자신을 사업으로 이끌어줄 사람이 어디선가 운명처럼 나타나기를 기다린다.

"이거 해봐. 돈 많이 벌 수 있어. 물건 공급은 걱정하지 마. 내가 다 소개해줄게."

이렇게 말하는 사람이 하늘에서 떨어지기를 말이다.

나는 처음 온라인 쇼핑몰을 시작할 때 어떤 인맥도 활용하지 않았다. 엄밀히 말해서 인맥이 없었다. 내 결혼식에 고등학교 친구는 딱 한 명밖에 오지 않았다. 대학 동기들은 아무도 오지 않았다. 아웃사이더로만 살아왔던 내게 인맥은 남의 얘기였다. 그런 내가 경쟁력 있는 비즈니스 파트너들을 만나고 '창업다마고치' 친구에게 인맥을 소개해줄 정도다. 내게 인맥을 쌓는 특별한 기술이 있는 것은 아니다. 우선 나 자신을 인정해야 한다. 나는 인맥이 전혀 없다는 사실을 말이다. 인맥이든 비즈니스 파트너든 내가 움직이지 않고 가만히 있는데 자동으로 생기지는 않는다.

온라인 쇼핑몰 사업을 시작한 지 얼마 되지 않았을 때였다. 어떤 책에서 본 내용 중에 '같이 사업하는 사람들끼리 만나라'는 말이 문득 머릿속을 스쳤다. 곧바로 '사업가 모임', '비즈니스 모임'을 검색했다.

인터넷에서 발견한 비즈니스 모임 사이트에 들어가 무작정 가입하고 싶다는 의사를 밝혔다. 이런 인터넷 사이트도 기존

회원들의 소개로 가입하는 것이 정석이었다. 하지만 나는 소개해줄 사람이 없었다. 그 모임은 내가 사기꾼이 아닌지 확인하기 위해 납세완납증명서 등 여러 자료들을 요구했다. 해당 모임의 위원들이 내가 운영하는 오프라인 매장에 직접 찾아와서 일대일 면담을 하기도 했다. 주변에 사업하는 사람들이 없었기 때문에 그런 식으로 돈을 내고 인맥을 만들 수밖에 없었다.

사업 파트너 관계를 맺을 때 중요한 것은 내가 그 사람에게 도움이 돼야 한다는 것이다. 내게 필요한 것만 받는다면 진정한 파트너가 될 수 없다. 나는 쇼핑몰을 운영하는 방식을 그 파트너에게 알려줬고, 좋은 결과를 얻게 되자 신뢰도가 높아졌다. 그래서 내 친구도 소개해주어 파트너 관계를 맺고 있다.

처음 남대문시장에서 물건을 들여올 때는 도매업체에서 주는 가격대로 받았다. 서로 아는 사이도 아니고 처음 거래를 하니 어쩔 수 없었다. 그런데 물건이 잘 팔리다 보니 내게 주도권이 생겼다. 굳이 협상하지 않아도 도매업자가 알아서 가격을 깎아줬다.

사업을 계속하다 보니 공장주를 만날 기회도 생겼다. 공장에서 바로 물건을 받고 싶다고 하자 해당 업체 이사를 소개해준 것이다. 그 이사에게 스마트스토어 얘기를 꺼내자 한번 팔아보라며 위탁 배송을 해줬고 한 달에 한 번 대금 결제만 해주는 방식으로 거래를 터주었다.

그 업체가 이미 스마트스토어를 통해 제품을 판매하고 있었다면 나와 거래를 맺지 않았을 것이다. 내가 스마트스토어를 통한 제품 판매처 확대라는 이득을 줄 수 있었기에 가능한 일이었다.

이처럼 소싱과 파트너십에 특별한 비법이 있는 것이 아니다. 비즈니스 인맥의 기본은 서로 도움이 되는 관계를 맺는 것이다. 서로 필요하지 않다면 관계가 형성될 수도 없고 오래가지도 않는다. 정서적인 필요든 기술적인 필요든 상대에게 뭔가 도움을 주다 보면 인맥은 자연스럽게 꼬리에 꼬리를 물고 쌓인다.

내가 필요로 하는 것을 가진 사람이 있다면, 그것을 요구하기 전에 상대에게 어떤 것을 줄 수 있을지를 먼저 생각해야 한다. 아무것도 주지 않고 받기만 하는 관계는 사적으로든 일적으로든 지속되기 힘들다.

원하는 것을 얻기 위해 인간관계를 맺을 때는 내가 먼저 나서야 한다. 나 역시 처음에는 남대문시장에서 사입을 했고, 그들에게 필요한 사람이 되기 위해 노력했다. 나에게 필요한 것을 가진 사람과 관계를 맺으려면 내가 먼저 도움을 주어야 한다.

장사를 시작하고
처음 겪은 일

장사 경험이 전혀 없는 사람이 도매시장을 찾으면 주눅부터
든다. 다른 사람들을 보면 한두 번 와본 게 아닌 듯하다. 몇 마
디 하지 않고도 수량과 가격을 척척 주고받는다. 물건을 받고
돈을 넘겨주기까지 30초도 걸리지 않는 것 같다. 도매상들은
오랜 경험으로 초짜인지 아닌지 금방 알 수 있을 것이다. 내
돈 주고 사 먹는 식당에서도 '이모님~', '사장님~' 불러서 온당
히 받아야 할 서비스조차 받지 못하는 소심한 사람에게 사업
은 도매시장을 찾는 것부터 난항이다.

"모르면 호구 된다." 사업을 처음 시작할 때는 호구가 될 것

을 각오해야 한다. 나 역시 그랬다.

온라인 쇼핑몰을 시작해야겠다고 결심했을 때 맨 먼저 찾아간 곳이 집에서 가장 가까운 남대문 도매시장이었다. 처음 가본 도매시장 특유의 분위기가 무척 낯설었다. 도매시장을 가면 통로를 걸어다니며 물건을 보는 것부터 어색하다. 어디를 가야 할지, 어디에 뭐가 있는지도 모른다. 나는 '일단 가서 구경이나 해보자'는 심정이었다.

"인터넷은 이것보다 더 싸게 팔던데 깎아주세요."

"다른 데는 10개 사면 1개 덤으로 주던데 여기는 그런 거 없나요?"

당당하게 이런 말을 꺼낼 수 있는 성격이라면 얼마나 좋을까? 매일 수십 명씩 상대하며 흥정에 이골이 난 도매상들에게 물건을 사면서 깎아달라는 말이 차마 입에서 떨어지지 않았다. 그저 도매상들이 제시하는 가격을 고스란히 지불했다. 물건값이 적정한지를 생각할 겨를조차 없었다. 그런데 집으로 돌아와 인터넷을 검색해보니 해당 제품의 최저가가 내가 사온 가격보다 훨씬 싼 것이었다. 처음 도매시장에서 사온 제품들은 모두 인터넷 최저가보다 비쌌다. 모르면 호구가 되는 것이 맞다.

그다음에 도매시장을 찾아 어느 매장에 들어가니 주인이

대뜸 인터넷 쇼핑몰을 하냐고 물었다. 머뭇거리면서 그렇다고 대답하자 한 가지 제안을 했다. 중국에서 제품을 들여오는데 최소 수수료만 붙여서 주겠다는 것이었다. 상품 거래명세서에 찍힌 가격까지 보여주었다. 남대문에서 30년간 장사를 하고 있다며 계약금으로 몇 퍼센트만 입금하면 제품을 공급해주겠다고 했다.

나는 선뜻 그 사람의 말을 믿고 그 자리에서 계약금 20만 원을 입금했다. 인터넷으로 해당 제품의 가격을 찾아볼 생각은 하지 못했다. 지금 생각하면 "좀 더 찾아보고 다시 말씀드리겠습니다"라고 대답했어야 했다. 중국어가 적힌 거래명세서에 찍힌 가격을 믿지 않을 수가 없었다. 집에 돌아와 인터넷으로 동일한 제품을 검색해보니 이미 더 싼 가격에 팔리고 있었다.

도매업체에서 사들일 제품에 대한 정보를 엑셀 파일로 받아보면 제품 사진과 시장가, 판매가가 나와 있다. 하지만 반드시 인터넷으로 최저가를 찾아보는 것이 좋다. 도매업자의 말만 들으면 내가 큰 기회를 얻은 것처럼 느껴지지만 알고 보면 바가지를 쓰는 경우가 허다하다.

좋은 가격에 물건을 공급받는 것은 단기간에 해결할 수 있는 문제가 아니다. 경험과 노하우가 쌓여야 가능한 일이다. 조급한 마음에 빨리 성과를 내려다 보면 바가지를 쓸 가능성이 높다.

가뜩이나 말주변도 좋지 않고 낯을 많이 가리는 사람들은 상품을 찾고 매입하는 과정에서 이미 지쳐버린다. 인터넷 최저가보다 비싼 가격에 물건을 사는 경우도 많다. 초반에는 이런 일을 겪더라도 너무 낙담할 필요는 없다. 처음부터 마진을 많이 남길 생각을 하지 말라고 하는 이유도 여기에 있다. 팔고 나면 협상력이 생긴다. 장사꾼에게 잘 파는 것보다 더 좋은 무기는 없다.

경험이 없는 사람들이 자신을 방어할 수 있는 방법은 정보를 최대한 많이 모으는 것이다. 인터넷에서 충분한 정보를 알아보고 도매상들을 상대해야 한다.

나도 아직 생산 공장과 직접 계약해서 금형을 뜨고 나만의 물건을 만드는 단계가 아니다. 공장에서 이미 만들어놓은 것 중에 일부 물량을 수입하는 정도다.

온라인 쇼핑몰의
현실

통계청이 발표하는 '2019년 12월 및 연간 온라인 쇼핑 동향'에 따르면 온라인 쇼핑 거래액이 전년 동월 대비 1조 8,860억 원 늘어났다. 2019년 전체 거래액은 134조 5,830억 원으로 1년 사이에 20조 8,533억 원(18.3%) 증가했다. 레드오션이라고 무시할 수 없는 성장률이다.

통계청(kostat.go.kr)

· 통합검색→보도자료 검색(또는 보도자료 온라인 쇼핑)
  → 2020년 월별 온라인 쇼핑 동향
  예) 2019년 12월 온라인 쇼핑 동향 및 4/4분기 온라인 해외 직접 판매 및
  구매 동향(https://bit.ly/3aKykri)

음식 서비스는 84.6%나 급증했다. 고성장 배경에는 1인 가구의 증가가 있을 것이다. 음·식료품과 가전·전자·통신기기, 화장품도 20% 이상 늘었다. 유튜브 같은 소셜미디어에 먹방이나 전자제품 리뷰가 많은 이유도 이러한 매출 동향과 무관하지 않다. 매출이 오르니 협찬하려는 업체들도 많을 수밖에 없다.

성장률이 높은 상품군은 e쿠폰서비스(57.6%)와 자동차용품(30.6%)이다. 최근 주목받고 있는 애완용품은 2019년 성장률이 11.6%로 두 자릿수에 이르는데, 연간 거래액이 1조 원이 되지 않아 시장 규모가 큰 편은 아니다.

전체 소매 판매액 중에 온라인 쇼핑이 차지하는 비중도 계속 커지고 있다. 2018년 18.8%에서 2019년 21.4%, 2020년 1월에는 23.2%로 올라갔다. 역대 최대치다.

성장하는 분야에서 사업을 해야 하는 것은 당연하다. 특히 모바일 쇼핑은 2019년에 25.5%나 성장했다. 전체 온라인 쇼핑 가운데 모바일 쇼핑이 차지하는 비중은 2018년 60.8%에서 2019년에 64.4%로 높아졌다. 어디에 집중해야 할지 감이 잡힐 것이다.

네이버 스마트스토어의 카테고리는 거의 3,000개에 이른다. 어떤 카테고리가 있는지 하나하나 살펴보고 정할 수는 없다. 공표된 데이터를 바탕으로 성장률이 괜찮은 업종을 눈여겨보는 것이 좋다.

쇼핑몰 운영 방식을 살펴보면 다양한 분야의 상품을 파는 종합몰보다 특정 분야의 상품을 집중해서 파는 전문몰의 성장세가 두드러진다. 예를 들어 최근에는 반려동물 관련 제품을 판매하는 전문몰의 성장세가 높다. 온라인 쇼핑몰을 처음 시작하는 사람이라면 전문몰을 선택하는 것이 유리하다. 매달 통계청에서 발표하는 온라인 쇼핑 동향 조사 결과는 온라인 쇼핑몰 운영자들에게 아주 유용한 정보이니 잘 활용하면 도움이 된다.

상품에 매달릴
필요는 없다

스마트스토어에 등록된 상품의 종류와 개수는 얼마나 될까? 정확한 통계는 알 수 없지만 족히 100만 종은 넘을 것이다. 내가 운영하는 온라인 쇼핑몰은 총 3개다. 오픈마켓별 판매 채널이 아니라 직접 운영하는 쇼핑몰을 말하는 것이다. 내 쇼핑몰에서 파는 제품의 종류는 400종이다. 예전에 팔았던 물품까지 모두 합쳐도 수천 종밖에 되지 않는다.

수많은 상품 중에 내가 선택한 몇 종이 잘 팔릴 거라고 기대하기 힘들다. 판매하는 물건마다 대박을 치는 '장사의 신'은 없다.

대한민국 최고의 기업인 삼성전자도 실패하는 품목이 당연히 있고, 유통의 대장인 이마트에도 재고로 쌓이는 물건이 있다. 쇼핑몰을 시작할 때는 이러한 한계를 인정해야 한다. 그렇지 않으면 첫 시도부터 대박이 날 상품을 찾는 데 시간을 허비하다 결국 아무것도 하지 못한다. 그래서 '상품을 먼저 결정하고 판매하면 안 된다'고 강조하는 것이다.

나는 처음에 70만 원을 가지고 온라인 쇼핑몰을 시작했다. 소액으로 시작했지만 2년 정도 지나자 월 최고 매출이 7,000만 원에 달했다. 온라인 쇼핑몰을 키울 수 있었던 것은 나의 한계를 인정했기 때문이다. 나는 대박을 칠 상품을 골라낼 능력이 없다는 것이다.

처음 시작부터 대박 상품 찾기는 헛된 꿈을 좇는 것과 같다. 쇼핑몰을 운영하는 사람은 필연적으로 불확실한 선택을 할 수밖에 없다. 불확실성을 인정하고 그 상황 자체를 떠안고 가야 한다. 이런 불확실성을 줄이기 위해 특정 상품이 포털사이트에서 검색되는 양과 해당 상품을 판매하는 쇼핑몰 등록 수로 수요와 공급을 유추하기도 한다. 하지만 이런 분석 방식조차 불확실하다. 내가 선택한 가장 확실한 방법은 시도하는 횟수를 늘리는 것이다. 팔리는지 안 팔리는지는 팔아봐야 안다.

주사위 던지기를 생각해보자. 주사위를 한 번 던질 때마다

10원이 들고 6이 나왔을 때 이기는 게임이다. 이 경우 6이 나왔을 때 받는 상금이 60원 이상이라면 그 게임을 계속하는 것이다. 감당할 수 있는 크기의 비용으로 기대이익이 큰 게임을 지속하는 것이 중요하다.

온라인 사업에 도전하는 초보자 입장에서 완벽한 정보라는 것은 애초에 존재하지 않는다. 상품 정보를 올릴 때 제목에 들어가는 단어 수를 몇 개로 해야 할지, 섬네일 사진은 몇 픽셀로 할지, 해시태그는 몇 개를 넣는 것이 좋을지, 상세 페이지에 텍스트를 넣는 것이 좋은지 통페이지로 디자인하는 것이 좋은지 등에 대한 정보들이 넘쳐난다.

노출이 문제가 아닌데 노출 로직을 신경 쓰거나, 전환이 문제가 아닌데 상세 페이지를 자꾸 바꾸거나, 유입이 문제가 아닌데 광고를 공부하는 것과 같이 뭔가 열심히 일하는 느낌이 들어서 혼자만의 만족감에 빠지는 것을 경계해야 한다. 이런 불필요한 리소스 투입이 초보 온라인 판매자를 지치게 만드는 1등 공신이다.

투입되는 비용과 리소스를 최소화하고 지금 부족한 것에만 투자해야 한다.

고객의 혹평은
성장을 위한 빅데이터

쇼핑몰을 운영하다 보면 생각지도 못한 상황을 접하게 된다. 내가 운영하는 쇼핑몰의 사진이나 콘셉트를 똑같이 따라 하는 경쟁자도 있고, 좋은 상품을 포장해서 보냈는데 구매평(리뷰)이 안 좋게 달리기도 한다. 고객의 혹평이나 불만 때문에 쇼핑몰을 하기가 겁난다는 사람도 있다.

우리는 물건을 사려고 할 때 무엇보다 구매평을 꼼꼼히 본다. 실물을 볼 수 없는 인터넷 쇼핑몰에서 사진 다음으로 중요한 정보를 얻을 수 있는 것이 구매평이다. 어떤 사람은 구매평부터 들여다본다고 하고, 어떤 사람은 별 1개짜리 악평 위주로 보면 확실한 정보를 알 수 있다고도 한다.

인기 상품은 몇천 개씩 구매평이 달리기도 한다. 물건을 고를 때 구매평 수가 많으면 일단 신뢰감이 든다. 그만큼 많은 사람들이 구매했다는 것은 어느 정도 제품이 검증되었다는 뜻이다.

구매평은 소비자뿐 아니라 판매자에게도 중요하다. 구매평이 많이 달린 제품일수록 더 많이 팔리기 때문이다. 그러다 보니 판매자들이 구매평을 조작하거나 악용하기도 한다. 네이버 스마트스토어는 허위 구매나 리뷰 조작 행위에 강력히 대응하고 적발되면 스마트스토어 이용이 정지되고 추후 재가입도 불가능하다.

구매평은 사실상 돈이 들지 않는 마케팅과 같다. 그래서 제품을 무상으로 보내주고 구매평을 받는 경우도 있다. 블로거 리뷰와 유사한 방식이다. 공짜로 받은 제품에 대해 나쁜 평을 쓸 사람은 많지 않을 것이다. 엄밀히 말하면 고객의 신뢰를 조작하는 셈이다. 이러한 사람들의 구매평과 차별화하기 위해 '내돈내산'(내 돈 주고 내가 산)을 꼭 밝히는 경우가 많다. 내 돈 주고 직접 사서 써보고 리얼 후기를 올린다는 것이다.

부정적인 리뷰로 판매에 어려움을 겪는 제품일수록 허위 리뷰로 이미지 세탁을 하는 경우가 적지 않다. 하지만 허위 리뷰로 고객들을 속이는 것은 미봉책일 뿐이다. 잘 팔리지 않으면 제품을 개선해야 한다. 구매평을 조작하면 당장은 판매량이 늘어나도 소비자들의 만족도가 떨어지고, 결국 해당 쇼핑몰 자체의 신뢰도가 무너진다.

구매평 조작은 장기적으로 판매자에게도 악영향을 끼친다. 고객들의 진심이 담긴 평가를 들을 기회를 스스로 차단해버리기 때문이다. 온라인상에서 어떤 평가나 의견들이 한쪽 방향으로 몰리면 다수가 동조하면서 다른 의견들은 묻히고 만다. 결국 왜곡된 정보만이 나에게 들어온다. 제품과 서비스에 대한 고객들의 의견과 만족도는 사업을 성장시키는 데 중요한 역할을 한다. 그런 평가들은 돈을 주고서라도 얻어야 한다.

스마트스토어에 대한 강의를 하는 사람들 중에도 구매평 작업을 권장하는 경우가 있다. 나는 구매평 작업에 반대한다. 그것은 소비자를 기만하고, 장기적으로는 자기 사업을 망치는 행위다. 구매평을 조작할 생각을 하지 말고, 어떻게 하면 좋은 구매평이 달릴 수 있을지를 고민해야 한다.

최고의 무기는
유연성

처음 쇼핑몰을 준비할 때 인맥을 습관적으로 찾다 보면 아는 공장이나 도매상의 제품부터 팔게 된다. 이것은 1인 판매자의 유일한 장점인 유연성을 포기하는 행동이다. 내가 아는 사람이 해당 시장에서 가장 경쟁력 있는 제품을 공급할 가능성은 거의 없다.

아는 사장님이 A라는 제품을 공급해준다고 해도 A제품의 가격이 최저가인지, 아니면 A제품이 속한 경쟁 상품군에서 최저가인지 처음에는 알 길이 없다.

내가 알고 있는 사장님이 업계의 최상위 그룹일 가능성은 매우 희박하다는 것이다. 또 쇼핑몰 사업에서 특정 상품이나 브랜드에 얽매이는 것은 실패의 지름길이다. 그 아이템이 뜨면 살고 지면 같이 죽는다. 1인 쇼핑몰은 세상에 존재하는 모든 것을 팔 수 있다.

태어나서 처음 장사를 시작할 때부터 대박 상품을 골라내는 것은 하늘의 별 따기다. 아는 사람에게 아쉬운 소리를 하기는 모르는 사람에게 하는 것보다 수십 배는 어려운 일이다. 내가 잘될 것이라고 생각한 상품을 선택한 경우와 이미 잘되고 있는 상품을 선택한 경우 중 잘될 확률은 어느 쪽이 높겠는가?

쇼핑몰에는 100만 종이 넘는 제품이 있다. 그중 내가 선택한 한 가지가 잘 팔릴 것이라고 생각할 수 있을까? 우리는 셀 수 없이 많은 소비를 한다. 하지만 물건을 팔아본 적이 있는가? 소비는 프로이지만 판매에는 아마추어다.

내가 좋아하는 제품이 잘 팔리고 경쟁도 심하지 않기란 극히 드물다. 없는 트래픽을 창출해내는 것은 엄청난 능력으로 초보자들이 할 수 있는 일이 아니다. 처음 쇼핑몰에 발을 담글 때는 수요가 형성되어 있는 아이템을 선정하는 것이 좋다. 장사는 남에게 파는 것이지 내가 사는 것이 아니다. 데이터를 살펴봤을 때 수요 추정량은 많은데 그에 비해 공급 추정량이 충

분하지 않다면 잘 팔릴 가능성이 높다. 그런 아이템을 찾아야
한다.

스마트스토어에서 판매할 물건을 정하기 전에 네이버 데이
터랩datalab.naver.com에 들어가서 해당 물건을 검색해보라. '창업
다마고치' 책에도 나와 있지만 네이버 데이터랩은 2016년 1월
부터 설정한 기간 동안 내가 판매할 상품과 관련된 키워드가
얼마나 검색됐는지, 어떤 성별이 찾았는지, 연령대는 어떻게
되는지 그래프로 보여준다.

회사 생활 적응에 실패한 친구를 모델로 내세워 매출 0원에
서 스마트스토어를 시작해 순이익 1,000만 원 이상으로 성공
하기까지 과정을 보여주는 유튜브 콘텐츠를 만들었다. 이 친
구는 평소 운동을 좋아해 '철봉' 같은 아이템을 검색했다. 이
분야는 검색량은 많았지만 공급량이 많지 않았다. 그래서 사
이트명을 '홈트친구'라고 짓고 판매를 시작해 8개월 만에 0원
에서 월 수익 1,000만 원을 올렸다.

사업은 데이터를 분석하고 팔릴 만한 물건을 찾아서 시작
해야 성공할 수 있다. 자세한 내용은 유튜브 '창업다마고치'의
'쇼핑몰 창업편'에 소개하고 있으니 영상을 참고하기 바란다.

온라인 판매에 도움되는 사이트(2020년 7월 9일 기준)

· 네이버 데이터랩 https://datalab.naver.com
분야별 인기 검색어, 검색어 트렌드 등 소비자가 좋아할 만한 세부 품목 검색 시 유용한 사이트. 네이버가 공식적으로 운영하는 국내 최고의 데이터 제공 사이트이다.

· 블랙키위 https://blackkiwi.net
쇼핑몰뿐만 아니라 블로그, 웹문서 작성 등에서도 직관적으로 사용할 수 있는 키워드 검색 사이트. 현재 무료이며 개인이 운영하고 있다.

· 웨얼이즈포스트 http://whereispost.com
공식 명칭은 웨얼이즈포스트지만 키워드마스터와 셀러마스터라는 이름으로 더 유명한 서비스다. 2020년 7월 9일 현재 전체 이용에 대해 무료이다.

· 아이템 스카우트 https://itemscout.io
카테고리 검색, 키워드 검색, 랭킹 추적 등 제품 경쟁력을 판단할 때 유용한 사이트. 일부 서비스는 유료이다.

· 셀퍼 https://sellper.kr
쇼핑몰 판매만을 위한 가벼운 웹사이트. 현재 전체 서비스가 무료로 제공되고 있다.

돈은 판매에서
벌린다

나는 처음 도매 계약을 맺었을 때 해당 제품을 2,100원에 매입해서 2,970원에 팔았다. 그런데 동일한 제품의 인터넷 최저가는 1,870원이었다. 내가 전혀 몰랐던 분야였다. 최저가가 1,870원인데 누가 2,970원에 사겠는가? 하지만 나는 그 가격에 판매했다. 이처럼 돈을 버는 것은 소싱(상품 매입)이 아니라 판매에서 완성된다.

영화 〈도둑들〉은 전문 기술을 가진 도둑들이 한 팀이 되어 태양의 눈물이라는 다이아몬드를 훔치는 이야기다. 서로 속고 속이는 게임 끝에 한 사람이 다이아몬드를 차지한다. 하지만 세상에 단 하나뿐인 다이아몬드를 가지고도 호텔비조차 지불하지 못한다. 왜? 팔 데가 없기 때문이다.

가격 경쟁력이 있고 품질은 좋은데 인지도가 떨어진다면 광고를 하면 된다. 소싱은 생각보다 어려운 게 아니다. 돈만 있으면 할 수 있다.

처음에는 리스크를 낮추기 위해 위탁 판매로 등록하는 방법을 익히는 단계이다. 상품 등록도 할 줄 모르는 단계에서는 마진을 포기하더라도 상품 등록과 판매 경험을 쌓는 것이 좋다. 마진부터 생각하면 공급처를 찾기 어렵다. 초보자가 마진까지 확보하면서 좋은 거래처에 위탁한다는 것은 욕심이다.

예를 들어 마진을 포기하고 A라는 상품을 100개 팔았다고 하자. 남는 것은 전혀 없다. 하지만 이 단계에서 다른 공급처를 찾아보자. 나는 이미 A라는 제품에 대한 수요를 100개나 확보하고 있으니 매입가를 충분히 낮출 수 있다. 내가 팔 수 있다면 공급할 사람을 찾는 일은 엄청나게 쉬워진다.

온라인 쇼핑몰은 소싱이 아니라 소비자를 만족시키는 데 모든 역량을 집중해야 한다. 누구나 조금만 노력하면 어떤 제품이든 공급처를 구하기는 어렵지 않다. 나 역시 공급처를 전혀 모르는 상태에서 시작했다.

모든 경제활동은 수요와 공급으로 이뤄진다. 제품을 공급한 사람은 제품을 산 사람에게 돈을 받는다. 시장 논리에서는 돈을 주는 사람이 갑이다. 내가 물건을 사고 돈을 주니 내가 갑이다. 초보자도 공급처를 구하기 어렵지 않은 이유다. 공급 가격만 잘 맞춰주면 어디서든 쉽게 물건을 받을 수 있다.

유통업자에게 제품을 매입해도 상관없다. 누구에게 매입한 물건인지 소비자들은 알지도 못하고 중요하지도 않다. 일단 물건을 팔면서 생산업자를 알아보면 된다. 처음부터 생산업자나 큰 도매상과 계약해서 제품을 공급받을 필요가 없다.

온라인 쇼핑몰 사업을 시작하기로 마음먹었다면 아이템에 제한을 두지 말고 실패를 두려워하지 마라. 마진을 포기하는 순간 나는 시장에서 '슈퍼갑'이 된다. 아무런 인프라도, 포트폴리오도, 판매 이력도 없다면 적은 마진으로 시작하는 것이 좋다.

그렇게 해서 수입상들을 알게 되고, 그 수입상이 또 다른 수입상을 소개해주고, 폐업하는 수입상이 생기면 그곳 직원이 알려준다. 경험을 쌓는 과정에서 자연스럽게 소싱 노하우가 생긴다.

나는 '클래스101' 강의의 1강에서 '지금 생계를 쇼핑몰로 해결해야 하는 사람'은 절대 이 강의를 듣지 말라고 전한다. 처음 익히는 기술로 곧바로 생계를 해결해야 한다면 부업으로 하는 사람의 무시무시한 강점인 '난 10만 원만 벌어도 땡큐지'라는 마인드를 가질 수 없다. 더구나 전업으로 하는 프로셀러들과 같은 수준의 무게감을 안고 싸워야 한다. 초보자에게 무수한 실패는 당연한 것인데, 실패할 때마다 상처를 받거나 스트레스를 받는다면 그 일을 지속할 수 없을 것이다.

상처를 받다 보면 나보다 더 빠르게 성과를 내고 돈을 버는 다른 사람들에 대한 소식을 외면하게 되고, 그들에게서 배우려는 자세를 가질 수 없으며, 시기심과 질투심 그리고 자괴감과 패배의식이 싹튼다.

생계가 해결되지 않은 상태에서 새로운 도전을 하려면 엄청나게 강인한 정신력과 체력을 갖고 있어야 한다. 그렇지 않다면 도전할수록 삶이 피폐해진다.

광고는
양날의 칼

"온라인 사업이 망하는 가장 큰 이유는 광고비 때문"이라는 말이 있다. 관련 상품을 검색할 경우 광고비를 지불한 업체가 최상단에 노출된다. 노출이 판매에 적지 않은 영향을 미치니 광고를 하지 않을 수도 없다. 하지만 섣불리 광고하다 보면 뒤로 밑지는 장사가 될 수 있으니 양날의 칼이다.

그렇다면 광고로 사업을 어디까지 키울 수 있을까? 쇼핑몰 사업에서 발생하는 비용에는 원가와 임대료, 오픈마켓 수수료, 소모품, 인건비(복리후생비), 광고비, 세금 등이 있다. 인건비와 광고비를 제외하고 나머지는 매출 증가에 직접적인 영향을 주지 않는다.

원가가 올라간다고 해서 오픈마켓 수수료가 오르거나 소모품을 더 많이 쓴다고 해서 매출이 늘어나는 것은 아니다. 광고비와 인건비를 제외한 비용은 매출이 늘어남에 따라 증가하고, 광고비는 그 반대다. 인건비는 2가지 성향을 모두 갖고 있다.

여기서 이런 의문을 가질 수 있다. 광고비를 계속 늘리면 매출도 계속 늘어날까? 그렇지 않다. 광고비를 늘리는 시점은 2가지다. 첫째는 매출이 더 이상 증가하지 않는 시점이고 둘째는 고정비가 증가하지 않는 시점이다. 2가지 조건을 모두 충족했을 때 광고비를 늘려야 한다. 첫 번째 시점은 마케터들이 광고주에게 얘기하는 영역이지만, 두 번째 시점은 얘기해줄 수가 없다.

광고를 할 때 맨 먼저 정해야 할 것이 타깃이다. 타깃이 정확할수록 구매전환율이 올라간다. 타깃이 가장 명확한 것은 대인 영업이다. 개인의 수요나 특성에 맞추기 때문에 구매전환율이 높다. 반대로 불특정 다수를 대상으로 한 대중 광고는 구매전환율이 떨어진다.

대중 광고는 퍼포먼스 마케터들의 영역이다. 이들은 인터넷과 모바일로 제품을 구매하는 소비자들의 패턴을 분석하고 광고를 구성하는 모든 요소의 성과를 측정해 효과적인 마케팅 기법을 제시한다.

그렇다면 뛰어난 마케터만 있으면 사업이 영원히 성장할 수 있을까? 그렇지 않다. 광고가 어떻게 구매로 이어지는지 기본 구조를 살펴보자.

구매전환율이 10%라면 100명 중 10명이 제품을 사는 것이다. 여기서 광고를 더 늘리면 구매전환율이 5%가 되고, 광고량이 늘어날수록 구매전환율은 더 떨어진다. 그래도 구매전환율이 0%가 되지 않는 한 매출은 완만하게 계속 늘어난다. 광고비가 증가할수록 구매전환율은 감소하고, 구매전환율이 감소할수록 매출 증가 속도가 떨어진다.

문제는 특정 시점에 도달하면 고정비가 증가한다는 점이다. 매출이 늘어날수록 원가와 임대료, 소모품이 늘어나고 세금도 더 많이 낸다. 이 단계를 넘어서면 매출이 증가해도 이익률이 감소한다. 따라서 소규모 사업에서는 고정비가 늘어나지 않는 시점까지만 광고비를 늘려야 한다. 반대로 얘기하면 고정비가 증가하지 않는 시점까지는 광고비를 늘릴수록 빨리 성장한다. 하지만 사업체를 키워서 매각할 것이 아니라면 매출을 계속 끌어올릴 필요가 없다.

물건을 잘 공급해주던 도매상들이 갑자기 거래를 끊는 경우가 있다. 도매상 입장에서는 매출이 증가하는데도 이익률이 감소하는 시점에 이른 것이다. 이때는 매출을 줄이더라도 이익률을 높이는 방식을 택해야 한다.

광고비를 투입할 때 구매전환율이나 '광고비 대비 매출액 ROAS'만 따지는 것은 위험하다. 자연 유입으로 판매가 이뤄지는 제품에 100원만 광고하면 수만 퍼센트의 예쁜 ROAS를 볼 수 있다. 그것보다 중요한 것은 실제로 광고가 상품 성장에 기여하고 있는가 하는 것이다. 내가 감당할 수 있는 물량이 어디까지인지 명확히 판단하는 것이다.

사업과 사기는
한 끗 차이

"모은 돈을 모두 쏟아붓는다거나 내 삶이 무너질 수 있는 베팅은 절대 하지 않는다."

신사임당 채널을 운영하면서 강조하는 말 중 하나다. 이런 얘기를 하면 "너는 큰돈은 못 벌겠다"고 한다. 애초에 나는 큰돈을 벌 생각이 없다. 나와 가족이 돈의 무게에 짓눌리지 않고 살 수 있는 기반을 갖추고 싶을 뿐이다. 500만 원 이하의 소액으로 할 수 있는 사업을 계속 시도하는 것도 그 때문이다. 큰돈을 벌기 위해 내 삶의 기반까지 뒤흔들 수는 없다. 부의 추월차선을 달리다 사고가 나는 것보다 안전하게 서행차선을 선택할 것이다.

지금까지 모은 돈을 전부 나에게 투자하고 싶다고 말하는 사람들이 있다. 비용이 얼마가 들어도 좋으니 컨설팅을 받고 싶다는 것이다. 나는 일대일 코칭이나 컨설팅은 하지 않는다. 중대한 결정이나 판단을 다른 사람에게 위임하는 것은 위험한 일이기 때문이다. 내가 타인의 삶을 결정할 수는 없다. 그런 생각을 가진 사람이 가장 쉽게 만나는 부류가 바로 사기꾼이다.

대부분의 사기는 조심하면 피할 수 있다. 정말 조심해야 할 것은 불특정 다수를 상대로 하는 것이다. 일명 낚시형 사기다. 붕어 낚시처럼 밤새 밑밥을 뿌려두면 새벽 2~3시부터 물고기들이 모이기 시작한다. 인간의 기대심리를 이용하는 것이 바로 낚시형 사기다. 기대심리가 탐욕 수준으로 넘어가면 미끼를 덥석 물게 된다.

내가 연구하거나 분석하지 않았고, 딱히 원하지도 않은 정보와 아이템들이 어느 순간 들어온다면 사기일 가능성이 매우 높다. 내가 먼저 찾은 것도 아닌데 저절로 들어왔다면 일단 경계해야 한다.

나 역시 유튜브에서 사기꾼이라는 비난을 많이 받았다. 충분히 그럴 수 있다. 유튜브나 책에서 공유하는 노하우들은 스스로 취사선택해야 한다. 한 사람의 말을 맹신해서는 안 된다. 무료로 얻은 정보에 모든 것을 거는 사람들이 있다. 마치 하늘이 자신에게만 내려준 정보라도 되는 듯이 말이다.

사기꾼들이 던지는 밑밥은 인간의 마음 속 욕심을 자극한다. 그 밑밥들은 일견 그럴듯해 보인다. 예를 들어 나 같은 사람이 수익 모델을 보여주면서 일정한 수익률을 올릴 수 있다고 한다. 그러면 사람들은 그 정보를 자신이 능동적으로 찾아낸 것처럼 느낀다. 더구나 그 정보를 제공한 사람, 즉 사기를 치려고 하는 사람을 만만하게 생각한다. 그 사람이 알려준 수익구조를 자신이 쉽게 가져올 수 있다고 여기는 것이다. 이렇게 되면 사기꾼은 더 이상 사기를 칠 필요가 없다. 제 발로 걸려들기 때문이다.

이런 밑밥 속에 바늘이 숨어 있다는 것을 아는 사람일수록 사기에 걸리기 쉽다. 계약서를 유리하게 작성하면 바늘을 제거하고 밑밥만 먹을 수 있다고 생각한다. 사기꾼들은 상대에게 100% 유리한 계약서를 제시하더라도 모두 받아들인다. 하지만 애초에 법을 어기려고 작정한 사람에게 계약서는 아무 의미가 없다. 우리의 사고 범위가 법 테두리 안이라면 사기꾼의 사고 범위는 법 밖에 있다. 우리가 무슨 짓을 해도 밑밥 속의 바늘을 제거할 수 없다.

도박을 소재로 한 영화를 보면 사기꾼이 결정적인 순간에 상대를 속인다. 사기꾼이 들고 있는 패를 알아낸 것처럼 느끼게 만들어서 이길 수 있다는 착각을 심어준다. 하지만 그런 상황 자체가 사기꾼이 의도한 것이다.

사기를 피하는 유일한 방법은 욕심을 버리는 것이다. 언제든지 사기를 당할 수 있다는 사실을 항상 인지하고 있어야 한다. 내가 아는 범위에서는 사기를 당하지 않는다. 사기는 내가 모르는 영역에서 일어난다.

5

생각,
결정,
행동

나는 매주 일요일을 생각하는 날로 정했다.
그날은 어떤 것도 실행하지 않고 오직 생각만 한다.
그리고 월요일부터 토요일까지 실행해야 할 일 목록을 짠다.

인생은 한 번만 산다

'욜로YOLO'라는 말이 있다. '인생은 한 번밖에 없다'는 'You Only Live Once'의 머리글자를 딴 것이다. 욜로는 '현재 자신의 행복을 가장 중시하면서 소비하는 태도'를 뜻한다.

보통은 '한 번뿐인 인생 즐기면서 쓸 데 쓰고 살자'는 의미로 받아들인다. 그런데 인생이 한 번뿐이라는 사실에 지금 충분히 소비하고 살아야 한다는 사고방식을 접목하는 것이 과연 적절할까?

지금 현재에 온전히 집중하는 것이 가능할까? 나는 욜로라는 말이야말로 지금 시대의 프로파간다propaganda(원래는 선전이라는 의미지만 두 차례의 세계대전을 겪으면서 거짓과 선동이라는 부정적 의미를 담고 있다)라고 생각한다.

보험사 광고에는 '지금은 100세 시대'라는 말이 자주 등장한다. 어떤 보험사는 120세 상품도 내놓았다.

초등학생이나 중학생들을 보면서 "너희는 무엇이든 할 수 있고, 무엇이든 될 수 있다. 가능성은 무한하다"고 하는 것처럼 지금 30대인 우리도 마찬가지다. 120세까지 산다면 우리 앞에는 아직 90년의 시간이 남아 있다. 지금까지 살아온 시간의 3배를 더 살아야 한다. 30세나 15세나 다를 게 없다.

모든 위대한 업적들도 우리와 똑같은 하루를 차곡차곡 쌓아가면서 생겨난 것들이다. 위대한 사람은 금으로 만들어진 시간을 살고, 나는 흙으로 만들어진 시간을 사는 것이 아니다. 오늘 내가 한 일이 미래에 결과로 나타난다. 뿌린 대로 거둔다. 지금 현재가 망가져 있다면 이전까지의 하루하루 매시간들이 잔인할 정도로 정직하게 쌓여서 나온 결과이다.

우리나라의 건강보험제도와 과학기술의 발전을 믿는다면 욜로를 추구하면서 인생을 즐길 것이 아니라 지금부터 무엇이든 시작해야 한다. 지금도 늦지 않다. 21세기의 프로파간다에 빠질 것이 아니라 더 단단한 미래를 만들기 위해 오늘 하루도 열심히 살아야 한다.

결정의 속도는
지갑에서 나온다

"긍정적 생각이 부를 끌어온다."

"지금 당장 행동해라."

"성공하는 사람들은 행동하면서 생각하고 개선한다."

성공의 비결을 이야기하는 책에 자주 등장하는 말이다. 하지만 나는 그렇게 생각하지 않는다. 행동은 항상 결정을 수반하기 때문이다. 능력이든 돈이든 애초에 가진 것이 없는 사람들은 한 번의 실패로 모든 것을 잃을 수 있다.

결정의 속도는 실패의 크기에 따라 정해진다. 수백억 원을 가진 사람과 1~2억 원을 가진 사람은 실패했을 때 몇천만 원을 잃게 되는 안건에 대해 결정하는 속도가 차이 날 수밖에 없다. 전 재산을 잃을지도 모르는 결정을 수백억 자산가와 같은 속도로 한다고 해서 더 뛰어난 성과를 내는 것이 아니다. 내가 갖고 있는 자원의 양에 따라 선택의 속도는 차이가 날 수밖에 없다. 이 환경의 차이를 무시하고 무조건 긍정 마인드로 빠른 선택을 한다면 두 번째 기회는 주어지지 않는다.

특히 체면이나 남의 시선을 중요하게 여긴 나머지 대범한 척 하려다 돌이킬 수 없는 후회를 하는 경우가 많다. 우리는 주변 사람들의 말 한마디나 시선을 의식하느라 원하지도 않는 행동을 한다. 그로 인한 피해는 결정한 사람 혼자 고스란히 감당해야 한다. 그러므로 많은 것을 걸어야 하는 안건에 대해서는 행동하기 전에 충분히 숙고하는 시간을 가지는 것이 좋다.

반면 실패에 따른 손실을 감당할 수 있고 기댓값이 득이 된다면 즉시 행동해야 한다. 하지만 실패했을 때 돌이킬 수 없는 계약을 하는 경우에는 신중해야 한다.

초보자들이 사업을 처음 시작하면 사무실 계약부터 도매업자까지 여러 사람을 만나게 된다. 계약을 할 때는 첫 미팅에서 조급하게 서명할 필요 없다. 두 번째 미팅을 잡기 어려운 상황이라면 계약서를 미리 보내달라고 하는 것이 좋다. 처음 만나는 자리에서 상대가 계약서에 서명까지 끝내라고 재촉한다면 대부분 내가 손해 보는 계약일 가능성이 크다.

인력으로 바꿀 수 없는 요소 중에 하나가 시간이다. 시간이 누구의 편이냐는 판세의 유불리를 판단할 때 가장 중요한 요소다. 시간을 지체할수록 손해를 보는 쪽이 급해질 수밖에 없다. 또 대부분의 계약에서 한쪽의 이익은 다른 쪽의 손해인 경우가 많다. 그렇지 않은 상황도 있지만 상대가 나를 재촉하는 이유를 내가 모를 때는 섣불리 서명하지 않아야 한다.

내가 생각하는 요일과 행동하는 요일을 나누는 것도 신중한 결정을 내리기 위해서다. 판단력을 흐리는 주변의 말이나 방해 없이 혼자 심사숙고해야 한다. 생각하는 일 자체가 결코 가볍지 않은 노동이고, 내 삶을 바꾸는 결과를 가져올 수 있다.

《손자병법》〈군쟁편軍爭篇〉에는 전투 방법으로 "군사가 숨을 때는 어둠 속에 가려 식별이 불가능하도록 하고, 움직일 때는 우레처럼 신속해야 한다"고 했다. 사업도 마찬가지다. 생각할 때는 조용히 나만의 공간에서 나의 결정이 어떤 결과로 나타날지 머릿속으로 시뮬레이션을 해보고 여러 가지 플랜을 세운다. 그리고 결정을 내린 다음에는 주저하지 않고 최대한 빠르게 행동한다.

자신이 세운 플랜에 대한 확신이 없을수록 행동을 주저하게 된다. 그러면 처음 계획한 대로 실행하지 못한다. 신중하게 생각하고 결정했다면 지금 바로 행동하자.

똑똑한 사람이
게으른 이유

머릿속에 떠오른 아이디어를 실행하기가 쉽지 않은 이유가
뭘까? 둘 중 하나일 것이다. 게으르거나 혹은 너무 똑똑하거
나. 특히 똑똑한 사람은 한두 시간만 지나도 더 좋은 방안이
떠오르니 계속 아이디어를 개선하다 보면 실행할 타이밍을
놓친다.

생각은 거의 빛의 속도로 이뤄지지만 행동하는 데는 물리
적 한계가 있다. 특히 혼자 시작하는 사람은 행동이 크게 뒤
처질 수밖에 없다. 계획을 실행하기 위한 밑작업까지 혼자 처
리해야 하기 때문이다. 머릿속에서는 이미 저 멀리 결승선에

가 있는데 실제로는 아직 출발선도 떠나지 않은 상태다. 머릿속으로는 스티브 잡스가 되어서 아이폰 이상의 아이디어를 생각하고 있는데 행동으로는 전혀 시작조차 하지 못하는 것이다. 눈을 감고 생각하다가 눈을 뜨면 해야 할 일이 산더미처럼 보이거나, 이보다 심한 경우에는 생각 과정에서 비약된 고리를 찾지 못해 구체화하는 데 실패한다. 행동의 링크가 깨져서 구체화되지 않은 아이디어는 백 날 생각해도 실행하지 못한다.

이런 상황을 벗어나기 위해 나는 생각하는 날과 행동하는 날을 나눈다. 군대에서는 생각하지 말고 그냥 시키는 대로 하라고 배운다. 얼핏 무식한 것 같지만 효율이 굉장히 좋다. 혼자 모든 일을 해야 할 때는 직원인 나와 오너인 나의 자아를 분리해야 한다.

나는 매주 일요일을 생각하는 날로 정했다. 그날은 어떤 것도 실행하지 않고 오직 생각만 한다. 그리고 월요일부터 토요일까지 실행해야 할 일 목록을 짠다. 월요일부터 토요일까지는 업무 결과에 대한 피드백이나 개선안을 생각하지 않고 실행만 한다. 힘들어도 불평하지 않고, 결과가 좋아도 행복해하지 않고, 결과가 나쁘다고 좌절하지도 않는다. 그저 실행할 뿐이다. 회사에 소속된 직원처럼 일하는 것이다.

혼자 일할 때 특히 좋은 점은 누구를 만나고 어떤 작업을 하고 무엇을 만들 것인가 하는 보고서를 쓸 필요가 없다는 것이다. 불필요한 회의도 없다. 회사에 다니는 사람은 팀장에게 올릴 보고서를 쓰는 데 적잖은 시간을 허비한다.

그렇게 일주일을 보내고 일요일에는 다시 생각을 한다. 이때 보고서 작성과 회의 과정을 머릿속으로 정리한다. 일주일 동안 진행한 일의 결과물에 대한 피드백을 하고 그다음 주 계획을 세운다.

이 과정이 익숙해지면 시간대별로 나눠서 할 수도 있다. 예를 들어 아침 7시부터 9시까지 2시간은 생각만 하고, 나머지 시간은 행동만 하는 식이다.

머리가 좋은 사람들은 생각과 실행을 동시에 하는 멀티태스킹이 가능하다. 하지만 업무 효율이 떨어질 수 있다. 똑똑한 사람들은 운전도 더 늦게 배운다. 운전 원리를 계속 생각하기 때문이다. 탐구욕은 좋은 자세이지만 행동을 제약한다. 이런 비효율을 막으려면 생각과 행동을 분리하는 훈련을 해야 한다.

이렇게 행동 리스트를 분리해놓으면 투입하는 단위 시간당 이익률이 높은 행동들을 골라낼 수 있다. 단순하지만 이익률이 높은 행동을 미리 정리해두면 다른 사람들에게 가르치기도 쉽고 나 대신 실행할 사람을 고용할 수 있다. 고용은 시간의 복제다. 시간을 복제하면 수입이 늘어난다. 그리고 이런 시간의 복제가 늘어날수록 나는 생각만 하고 행동은 직원들이 하면 된다.

생각과 행동을 분리하면 혼자 업무를 하는 1인 기업은 생각하면서 바로바로 처리하는 것보다 속도가 떨어진다. 하지만 직원을 고용해서 나의 생각을 행동으로 실현하는 사람이 늘어나면 생각이 현실로 바뀌는 속도도 굉장히 빨라진다. 혼자 생각하고 행동하는 것에 익숙해지면 더 빨리 움직이거나 더 많은 일을 처리할 수밖에 없다. 자연히 돈이 벌리는 속도도 빨라진다.

지금 당장
시작하는 방법

내 좌우명은 '천릿길도 한 걸음부터'다. 이것은 약한 의지력을 극복하고 목표를 향해 나아가는 방식이기도 하다. 목표치가 1만이라고 하면 우선 1,000씩 자르고, 그것을 또 100씩 자르고, 또다시 10씩 자른다. 내 의지력의 크기가 10이라면 목표치도 10까지 자르고, 의지력이 1이라면 1까지 자르는 식이다. 목표를 충분히 실행할 수 있는 단계까지 잘라서 하나하나씩 더해가는 것이다. 1이 모여서 10이 되고, 10이 모여서 100이 되고, 100이 모여서 1,000이 된다.

이 과정에서 생각과 행동을 분리한다. 하루는 할 일을 잘게

나누는 데 쓰고, 그다음 날부터 하나씩 실행해나가는 것이다. 실행하는 동안 생각을 멈춘다. 그렇지 않으면 자신에 대한 불신이나 미래에 대한 불안감이 엄습해 실행력이 떨어진다.

의지력이 강하고 기본적인 능력이 뛰어난 사람들은 더 높은 단계부터 시작할 수 있다. 하지만 나처럼 의지력이 약한 사람들은 낮은 단계부터 시작하면 된다. '일주일에 한 번 스마트 스토어에 물건 1개 소싱해서 올리기' 등 당장 시작할 수 있는 단계까지 목표를 낮춰야 한다. 그렇지 않으면 효율이 떨어질 수 있다.

무엇보다 한번 정한 목적지를 중간에 바꾸지 않는 것이 중요하다. 중간에 목적지를 바꾸면 그때까지 이어온 노력이 모두 물거품이 된다.

더 높은 단계로 올라갔지만 실행하기 버겁다면 다시 낮추면 된다. 그런 식으로 각 단계들을 큰 어려움 없이 계속해나가면 별다른 끈기나 열정 없이도 목표를 향해 나아갈 수 있다. 그렇게 한 걸음 한 걸음 나아가다 보면 내가 꿈꾸던 큰 목표에 도달한 자신을 발견할 수 있다. 나처럼 의지박약한 사람도 사업을 해서 부자가 될 수 있다. 의지력이 약할수록 지금 당장 시작하는 것이 중요하다.

실패해도 다시
일어서는 법

나는 스마트스토어 쇼핑몰을 시작할 때 주변에 알리지 말라고 조언한다. 혹시 실패하더라도 창피하지 않고 성공할 때까지 주변의 걱정을 듣지 않을 수 있기 때문이다.

"사업에 실패하면 그 자체보다 주위 사람들에게 패배자라는 낙인이 찍힐까 봐 두려워요. 자존감이 무너지면 견딜 수 없을 것 같거든요." 이렇게 패배자로 불릴 걱정을 할 필요도 없다.

사업을 시작하기도 전에 나 스스로 부정적인 감정에 휩싸이면 아무것도 시도하지 못한다. 직장 생활만 하던 사람이 사업을 시작하면 실패할 확률이 굉장히 높다. 그래서 처음에는 적은 금액으로 시작하라고 조언한다. 돈을 벌려면 헛스윙을 하더라도 끊임없이 방망이를 휘둘러야 한다. 그러나 좌절감과 두려움에 빠지면 방망이를 휘두를 의지조차 사라진다.

정신적인 충격으로 인해 정상적으로 생각할 수 없는 상태를 '멘붕'(멘탈 붕괴)이라고 한다. 멘탈이 무너지는 주요 원인은 자신보다 타인에게서 비롯된다. 주위 사람들은 아무도 모르는데 혼자 멘탈이 붕괴되는 경우는 없다.

타인의 평가나 험담으로 유발되는 멘탈 붕괴를 막는 가장 좋은 방법은 내가 무엇을 하는지 남에게 알리지 않는 것이다. 흔히 어떤 목표를 세우면 그것을 주변에 얘기하고 도움을 청해서 네트워크를 활용하라고 조언한다. 이것은 멘탈이 강한 사람에게나 적용되는 원칙이다. 주변의 시기와 질투, 불평불만을 신경 쓰지 않고 오로지 자신의 목표를 향해 묵묵히 나아갈 수 있는 사람 말이다. 나처럼 의지력과 기가 약하고 집중력이 떨어지는 사람들은 오히려 부담으로 작용한다.

재밌는 사실은 대부분의 사람들이 남의 일에 관심이 없다는 것이다. 자기 살기도 바쁘다. 내가 실패하든 성공하든 그들에게는 중요한 문제가 아니다. 나처럼 어디를 가든 '인싸'(인사이더)가 아닌 '아싸'(아웃사이더)로 살아가는 사람은 더더욱 관심

밖이다. 그럼에도 불구하고 멘탈이 약한 사람들은 한 번의 실패를 더 이상 어떤 것도 할 수 없는 상태로 받아들이고 스스로를 가둬버린다. 이런 사람들은 주위에 알리지 않는 것이 좋다.

주변에 알려서 득이 될 것이 없는 이유는 또 있다. 주변 사람들은 크게 세 부류로 나뉜다. 나를 아끼는 사람과 나를 싫어하는 사람, 그리고 내게 무관심한 사람이다. 세 번째 부류가 절대 다수다. 사실상 같은 목표를 바라보는 사람들이 아니라면, 이 세 부류 모두 크게 도움이 되지 않는다.

첫째, 나를 아끼는 사람에게 사업 얘기를 꺼내면 "지금 하는 일에 집중하라"는 조언을 한다. 내 목표가 현실적이지 않은 이유를 설명해주기도 한다. 왜냐하면 대부분의 시도는 실패하게 마련이라는 사실을 우리는 경험적으로 알고 있고, 아끼는 사람이 실패하고 좌절하는 모습을 보면 마음이 아프기 때문이다. 그 마음은 이해되지만 내 목표를 이루는 데는 도움이 되지 않는다.

둘째, 나를 싫어하는 사람에게 말하면 나를 공격하는 일종의 무기를 제공하는 셈이다. 나를 향해 이 무기를 사용한다면 전혀 생각지도 못한 걸림돌이 되기도 한다.

셋째, 내게 무관심한 사람들에게 목표를 이야기하면 "잘해 봐. 잘될 거야"라고 말한다. 이 말은 "잘 지내?", "밥 먹었니?"

처럼 별다른 감정 없이 기계적으로 하는 인사치레와 다를 바 없다.

처음 사업을 시작하면 자전거를 타는 것과 같다. 바퀴를 구르지 않으면 넘어진다. 계속 나아가려면 계속 발을 굴려야 한다. 큰 배가 되어 승무원이나 조력자, 노를 젓는 사람 등이 구체적으로 필요할 때는 확실하게 도움을 줄 수 있는 사람에게 목표와 비전을 말하는 것이 좋다. 모든 사람에게 이야기한다고 해서 나에게 도움이 되는 것은 아니다.

마음먹고 시작하는 단계를 넘어서서 처음 돈을 조금 벌기 시작할 때, 통장에 돈이 어느 정도 들어오기 시작하면, 이때는 말하는 것을 참기가 어려워진다. 그런데 이때가 더 위험하다. 주변에는 어떻게든 숟가락이라도 얹어보려는 사람들이 몰려든다. 그렇게 모여든 사람들은 이런저런 조언을 해주지만 실질적으로는 아무런 도움이 되지 않는다. 설령 도움이 된다 해도 미미한 수준이다.

흔들리지 않고 내 길을 갈 만큼 기반을 다지지 못한 상태에서 온갖 조언이 귀에 들어오면 자칫 배가 산으로 갈 수 있다. 주변 이야기에 신경을 쓰다 보면 사업이 제대로 안착되기도 전에 위태로워진다.

사업 초기에는 묵묵히 노를 저어서 먼 바다로 나가야 한다.

이때 주변에서 피드백을 받거나 새로운 아이디어가 생겼다고 해서 키를 이리저리 돌리다 보면 앞바다에서만 맴돌거나 방향을 잃고 표류한다. 앞으로 나아가더라도 위험한 상황에 처할 가능성이 크다.

그제야 상황의 위급함을 느끼고 잘 극복해서 이전보다 차원이 다르게 벌기 시작하면 오히려 이때는 내 사업에 대해 말을 아끼게 된다. 말해서 득이 되는 경우가 거의 없음을 깨닫는 것이다.

그때부터는 인간관계가 걷잡을 수 없이 무너진다. "돈 벌더니 사람이 변했다"고 험담하기 시작한다. 주변 사람들에게 처음부터 아예 말을 하지 않는 것이 더 나은 궁극적인 이유는 여기에 있다.

내가 잘되고 바빠지더라도 계속 연락할 수 있는 사람이 아니면 애기하지 않는 것이 서로에게 좋다. 이전에 하고 다녔던 말들이 나와 타인에게도 상처가 되고, 사업에 집중하지 못하고 힘들어지는 원인이 될 수 있다. 목표가 있다면 말하지 말고 행동으로 보여주는 것이 낫다. 입에서 나오는 순간 내가 뱉은 말들이 창이 되어 다시 나에게 돌아온다.

회사를 그만두고 장사를 시작한다는 것에 대해 일반적 인식이 긍정적이지는 않다. 사람은 목표에 따라 움직인다. 다른 사람의 성공이 삶의 목표가 될 수 없기 때문에 100% 도움을 줄 수 없다. 가족과 나 자신이 잘되는 것이 우리 삶의 목표다. 주변 사람들이 당신에게 실질적인 도움을 주지 못한다는 것에 상처받을 필요도 없고, 헌신적인 도움을 주지 못한다고 해서 나쁜 사람도 아니다.

그냥 대부분의 사람들은 그렇게 행동한다. 그렇기 때문에 작은 사건에도 의지력을 잃거나 멘탈이 흔들리는 사람이라면 괜히 주변에 이야기해서 스스로를 코너로 몰아넣을 필요 없다. 실패하더라도 아무도 모르게 하는 것이 좋다.

《논어》에서 공자는 "군자욕눌어언이민어행君子欲訥於言而敏於行(군자는 말을 어눌하게 하고, 행동은 민첩한 사람이다)"이라고 했다. 말의 속도가 행동의 속도를 앞서지 않도록 경계하는 것이 훗날의 적을 만들지 않고 조용히 성공하는 방법이다.

만만한 사람들이 가진
최고의 무기

나약하고 만만해 보이는 사람들은 사업하는 데 불리하다. 타인에게 만만해 보이면 무시당하거나 이용당하기 쉽기 때문이다. 하지만 아무리 성공하는 데 필요하다고 해도 타고난 성격을 바꾸기는 어렵다.

억지로 강인함을 끌어내는 대신 만만해 보이는 것을 역이용해보자. 무시당하는 것이 곧 기회가 될 때가 있다. 내가 회사를 다닐 때 핵심 업무를 맡는 주류에 속했다면 사업을 준비할 수 없었을 것이다. 모두가 주목했을 테니 말이다.

무시당하지 않는 대화법이나 처세법에서는 "반격의 기세를 보여줘라"고 한다. 나는 이렇게 말하고 싶다. "상대가 나를 무시하는 상황과 시간을 유리하게 활용하라."

내가 상대에게 반격의 의지를 내비치면 상대는 물러서기보다 더 강한 한 방을 준비할 것이다. 상대가 더 강해질수록 내가 수세에 몰리는 것이다. 약하고 만만한 사람은 상대가 노력하지 않게 만드는 것이 낫다.

상대가 나를 만만하게 볼 때 좋은 측면도 있다. 약한 사람에게는 속내를 쉽게 드러낸다는 것이다. 자신의 경쟁자나 어떤 위협이 되지 않기 때문이다. 그런 점도 기회나 무기가 될 수 있다. 상대의 욕망이나 심리적 약점을 파악하기에 유리한 것이다. 나에 대한 경계심이 없으니 사업 기회와 정보를 얻기도 더 쉽다.

주변 사람들이 만만하게 본다면 내적으로 칼날을 날카롭게 벼릴 좋은 기회라고 생각하라. 가난해서 끼니를 얻어먹던 한신은 가난뱅이에 무능력한 인물로 무시당했다. 한신은 시비를 거는 불량배를 만나 과하지욕袴下之辱(바짓가랑이 사이를 기어가는 치욕)을 겪고도 한나라 초대 황제 유방 밑에서 대장군이 되었다. 《초한지》를 보면 한신은 훗날 고향 초나라의 왕이 된 후 자신에게 치욕을 줬던 불량배를 찾아 벼슬을 내렸다고 한다. 그 치욕 덕분에 왕의 자리까지 오를 수 있었기 때문이다.

《삼국지》에는 조조가 세상에 영웅은 자신과 유비밖에 없다고 칭하자 유비는 너무 놀라 숟가락을 떨어뜨렸다는 이야기가 나온다(이후 판본에 따라 유비가 당황한 기색을 숨기기 위해 천둥소리에 놀라는 연기를 했다는 이야기도 있다). 누군가 나를 높이 평가한다는 것은 그만큼 나를 경계한다는 것이다.

물론 강력함을 드러내야 할 순간이 있다. 시간과 환경이 나에게 완전히 우호적일 때다. 압도적으로 강한 위치에 올라 상대가 반격할 의지조차 품지 못했을 때는 강인함을 드러내도 좋다.

타인 앞에서는 만만하게 보이지만 내면적으로는 치열한 사람이 성공한다. 얼음으로 세운 성은 겨울에는 화려하고 단단해 보이지만 봄이 오면 녹아 없어진다. 얼음성 옆에서 추운 겨울을 보내며 단단한 벽돌을 하나씩 쌓아 올려야 한다. 겉으로 보여지는 강인함은 중요하지 않다. 마음을 강하게 다질 때 시간이 지날수록 위력을 드러낸다.

열정은 돈이
안 된다

"열정을 가지고 매달리면 이룰 수 있다." 대부분의 사람들은 성공의 비결이 열정이라고 부르짖는다. 최저 임금을 주는 편의점 아르바이트를 뽑는데도 '열의를 가지고 일할 수 있는 사람'을 조건으로 내세운다. 그야말로 열정의 남발이다.

열정이든 노동력이든 시간이든 돈이든 어떤 리소스의 투입량은 확신의 정도에 비례한다. 길에 5만 원이 떨어져 있다는 확신이 없다면 계속 주우러 다닐까? 하지만 확신을 가지면 사람을 고용해서 월급을 주고 주워 오게 할 것이다.

계속 좋은 결과를 얻어서 확신이 커지면 자동으로 리소스 투입량을 늘리게 된다. 반면 확신이 서지 않는데 억지로 열정을 투입하면 결국 지쳐서 포기한다. 열정이 아니라 성공 경험이 더 많은 고통을 감내하게 만든다.

돈 버는 것 역시 마찬가지다. 열정만으로 부자가 될 수 있다면 얼마나 좋겠는가? 돈을 버는 것은 돈을 벌 수 있는 요소들이 모인 결과일 뿐이다. 열정은 그 요소 중 하나이다. 오히려 나는 돈 버는 데 열정이라는 마음 상태는 크게 중요하지 않다고 생각한다. 마음 상태가 사업의 결과에 영향을 미칠까? 한 사람의 기분에 의해 아웃풋이 좌우되는 시스템이라면 결국 붕괴하고 만다. 억지로 하더라도 같은 결과를 내는 시스템을 만들어야 한다.

내 감정이 사업에 영향을 미친다면 감정이 곧 리스크 요인이다. 돈을 벌려면 내 감정과 무관하게 사업을 진행해야 한다. 사업체라는 시스템과 나라는 생물학적 시스템이 서로 충돌하지 않아야 한다. 개인적인 감정이 성패에 영향을 미친다면 언제든 무너질 수 있다.

내 기분이나 상태와는 별개로 돈이 벌리는 체계를 구축해야 한다. 물은 높은 곳에서 낮은 곳으로 흐른다. 기분이 나쁘다고 해서 물이 낮은 곳에서 높은 곳으로 거슬러 올라가지 않는다. 내 기분과는 무관하게 돈의 흐름을 만들어야 한다.

내가 우울하고 힘들어서 더 이상 움직일 여력이 없을 때도 돈이 벌리는 시스템을 구축해야 한다. 언제나 행복하고, 열정적이고, 도전 정신으로 차 있어야 성공할 수 있다면 나는 지금쯤 거지가 돼 있을 것이다. 사람은 기쁘고 열정적일 때보다 우울하고 힘들 때 더 돈이 필요하다.

사업을 하려면 감정의 소비자가 아니라 감정의 공급자가 돼야 한다. 판매자인 내가 어떤 감정에 고취되어 있는 것이 아니라 내 제품을 구매하는 소비자에게 감정의 변화를 제공해야 한다.

1인 사업을 시작할 때는 열정에 가득 찬 일대일 영업보다 다수를 상대로 한 광고나 마케팅을 해야 빨리 성장한다. 제품을 광고할 수 있는 매체는 무궁무진하다. 페이스북, 인스타그램, 유튜브 같은 SNS뿐만 아니라 네이버 자체 쇼핑 광고도 자주 활용한다.

돈만 입금하면 바로 낼 수 있는 광고들이 많다. 그런 것들이 효과가 있냐고 반문할 수 있다. 이런 데서 갑자기 터지는 경우가 있다. SNS에서 집행할 광고를 만들기 위해 공을 들이는 시간과 에너지를 감안하면 오히려 더 효율적일 때도 있다. 이렇게 사업이 시스템으로 돌아가기 시작하면 열정이나 운영하는 사람의 감정과는 상관없이 상품이나 서비스 등으로 성패가 결정된다.

제로베이스에서 사업을 시작하는 초보자라면 좋아서 하든 억지로 하든 하는 것 자체가 중요하다. '내가 반드시 최고의 열정 상태를 유지해야 한다'는 강박에 사로잡힐 필요가 없다.

해야 할 일이
너무 많을 때

잠자리에 누웠지만 금방 잠이 드는 경우는 거의 없다. 이런저런 생각들이 뒤죽박죽 머릿속에 떠오르고, 가슴이 두근거리면서 긴장감이 몰려오면 쉽게 잠들기 어렵다. 그런 상황이 반복되면 수면의 질은 물론 삶의 질도 떨어진다.

처음에는 내 행동에 문제가 있다고 생각했다. 자다가 시계를 확인하는 버릇이 있었던 것이다. 하지만 눈을 계속 감고 시계를 보지 않아도 긴장감은 사라지지 않았다. 생각해보니 나는 담배를 안 피우고 스마트폰이 없던 시절에도 잠을 잘 못 잤다. 왜 그럴까?

해야 할 일들이 계속 쌓이고 있었기 때문이다. 그런 일들이 많지 않을 때는 그냥 무시하면 된다. 하지만 시간이 지나면서 계속 쌓이면 해결책도 보이지 않고 더 이상 감당할 수도 없다. 일차방정식이 고차방정식이 되고, 나중에는 문제 자체가 무엇인지도 알 수 없는 상태가 된다.

해결해야 할 일들이 너무 많으면 자포자기 상태로 무기력감에 빠진다. 기본적인 일조차 처리하기 힘든 상황이 되는 것이다. 중요하다면 중요하고 사소하다면 사소한 일들의 집합체가 가슴을 꾹 누르고 있으니 잠이 올 리 없다. 잠이 들면 깨고 싶지 않다. 현실로 돌아오기가 두렵기 때문이다.

무기력감에 빠지면 어떤 사람들은 잠을 자거나 해야 할 일을 미루고 게임을 한다. 술을 마시고 취해서 잊어버리는 사람도 있다. 이런 방법들은 모두 내 삶을 더 망가뜨린다. 내 삶을 무너뜨리지 않고 장기적으로 이런 상황을 벗어날 수 있는 방법은 무엇일까? 바로 분리수거다.

우선 복잡하게 쌓인 문제들을 하나씩 분리한 다음 할 수 있는 것들은 처리해서 없애고, 할 수 없는 것들은 포기한다. 분리수거를 해서 제로 상태로 만들어야 한다. 새로운 경영자가 부임하면 맨 먼저 빅 배스Big Bath(부실자산을 한 회계연도에 모두 반영해 위험 요인을 일시에 제거하는 회계 기법)를 하듯이 말이다. 일단 분리해서 보면 처음에는 절대 풀 수 없을 것 같던 문제들도 의외로 쉽게 풀린다.

빅 배스 과정을 거친 이후에는 다시 마이너스 상태로 내려가지 않기 위해 노력해야 한다. 나처럼 멘탈이 약하고 깨지기 쉬운 사람들은 문제가 조금만 쌓여도 그로기groggy(혼미) 상태가 된다. 그로기 상태는 중독이나 불면증으로 이어지기 쉽다.

문제들을 분류하고 제거하는 가장 좋은 방법은 할 일을 적어놓는 것이다. 문제들을 글로 정리하는 것만으로도 상당 부분 해결된다. 문제들을 하나씩 처리해나가면 수면의 질도 자연스럽게 올라간다.

자유,
돈으로 산다

과감히 사표를 던지고 비행기에 몸을 싣는다. 야근과 주말 근무에 시달리던 나에게 자유를 주고 싶다. 한적한 유럽의 시골 길을 달리고 싶다. 자전거를 타도 좋고 걸어도 좋다. 자유를 마음껏 누리고 싶다.

돈으로 자유를 살 수 없다며 회사를 그만둔다. 그러나 사실은 돈으로 자유를 산 것이다. 그동안 일을 해서 돈을 벌었기에 여행 경비를 마련할 수 있다. 또다시 여행을 떠나려면 돈을 벌어야 한다. 사랑, 우정, 행복 등 돈으로 살 수 없는 것들이 많다. 하지만 가난한 사람들이 더 사랑이 넘치고 더 행복하다는 증거는 어디에도 없다. 특히 자본주의 사회에서는 말이다.

우리는 왜 돈을 벌까? 여러 가지 이유가 있겠지만 자유와 기회를 얻기 위해서다. 부모님 집에서 독립하려면 당장 집을 얻을 돈이 필요하다. 수중에 1,000만 원이 있을 때와 1억 원이 있을 때 선택의 폭은 천지 차이다.

돈을 벌면 처음에는 행복감이 증가하지만, 어느 구간을 넘어서면 행복감이 줄어들게 마련이다. 그렇기에 돈에 집착할 필요가 없다고 말한다. 그 말에 동의한다. 나 역시 월 순익 1,000만 원을 달성했을 때와 그 이후에 돈을 더 많이 벌었을 때 기쁨의 정도가 달랐다.

이 부분에서 짚고 넘어가야 할 점이 있다. 같은 액수의 돈이라도 노동을 해서 번 돈과 사업을 해서 번 돈, 이자로 벌어들인 돈의 가치가 다르다는 것이다. 그 돈을 벌기 위해 자신이 가진 것을 얼마나 투입했는지, 어떤 리스크를 안고 벌어들였느냐 하는 것이 가치에 포함된다.

내가 사업으로 월 순익 1,000만 원을 번 것과 부자들이 아무것도 하지 않으면서 자본소득으로 벌어들인 1,000만 원이 절대 같을 수 없다. 나는 미친 듯이 일해야 1,000만 원을 벌 수 있지만, 부자들은 가만히 앉아서 숨만 쉬어도 그 정도의 돈이 들어온다. 내가 사업으로 월 1,500만 원을 벌고, 부자들은 월

이자로 1,000만 원을 번다고 해도 마찬가지다.

단순히 액수만으로 비교할 문제가 아니다. 이것을 모르고 부자들처럼 소비를 하는 것은 어리석은 짓이다. 돈을 벌어들이는 구조 자체가 다른데 말이다.

돈을 많이 벌어서 세금을 내야 할 때면 '그냥 쓰는 게 낫다'는 생각이 들 때도 있다. 하지만 세금을 내더라도 돈을 모으는 것이 낫다. 그래야 가만히 앉아서 이자로 돈을 버는 단계까지 갈 수 있다.

사람들은 누구나 행복해지기를 원한다. 하지만 돈이 없어 굶주리는데도 행복할 수 있을까? 자본의 제약을 없애는 것이 내 삶의 제1 목표다. 금전적 자유가 보장된 상태에서 내가 하고 싶은 것들을 하고, 오롯이 내 삶에 집중할 수 있는 자유를 얻고자 하는 것이다. 비록 나는 누리지 못할지라도 내 자식에게는 진정한 자유를 물려주고 싶다. 그러기 위해서는 근로소득이든, 사업소득이든, 자본소득이든 계속 만들어야 한다.

그 시기가 언제쯤 될까? 은행의 원금 보장 상품에 모든 자산을 넣어두고 기준금리 수준의 이자만 받고도 행복이 최대화될 수 있는 수익 구간은 어느 정도일까? 예를 들어 이자로 월 1,000만 원을 벌어들여야 한다고 하자. 이자율이 2%라고 가정하고 세전 이자 수익이 연간 1억 2,000만 원이 되려면

60억 원의 자산이 있어야 한다. 나는 그 수준에 도달할 때까지 돈을 계속 모아야 한다.

월 1,000만 원을 벌든 2,000만 원을 벌든 행복의 차이는 크지 않다. 자산소득이 월 1,000만 원이라면 회사에 목을 맬 필요 없다. 해고되어도 문제없고 백수라도 상관없다. 내가 아파서 쓰러진다고 해도 가족들이 병원비 때문에 힘들어하지 않는다. 여유 자금으로 부동산이나 주식에 투자해도 등락에 일희일비하지 않아도 된다. 투자 자금을 몽땅 잃어도 살아가는 데 아무 지장이 없다.

유일한 위험이라면 단기간에 물가가 폭등하는 하이퍼인플레이션hyper inflation이다. 그렇다 하더라도 기존에 이뤄놓은 것들을 가지고 얼마든지 돌파구와 기회를 찾을 수 있다.

"돈을 쓰는 법에 대해서도 얘기해주세요." 어떤 사람들은 이렇게 말한다. 하지만 나는 아직 멀었다. 이자로 월 1,000만 원을 벌어들이려면 순자산 60억 원을 모아야 하기 때문이다. 매달 2,000만 원씩 모은다고 해도 25년이 걸린다. 60억 원도 이자율 2%를 가정한 것이다. 기준금리가 계속 떨어진다면 목표치는 더 높아질 수밖에 없다. 이자율이 1%라면 120억 원이 필요하다. 저금리 시대에 금수저가 되기는 더더욱 어렵다.

근로소득으로 살아가는 직장인들에게는 더더욱 먼 얘기다.

사람들은 근로소득, 즉 월급이 가장 안정적이라고 한다. 하지만 사실상 리스크가 가장 크다. 아무리 월급을 많이 받는다고 해도 아파서 쓰러지거나, 경기 불황으로 수익이 급감해서 회사가 망할 수도 있다. 무엇보다 시간은 노동자의 편이 아니다. 나이가 들면 회사에서 나가야 한다.

내가 개인 사업을 하는 이유도 근로소득의 리스크에서 벗어나기 위해서다. 지금은 어느 정도 안착 단계에 올랐다. 내 사업을 시작해도 초기에는 월급쟁이와 다를 것이 없다. 직원을 고용할 수 있을 때까지는 나 자신을 갈아 넣는 수밖에 없다. 회사에 다닐 때보다 일을 훨씬 더 많이 해야 한다. 아무도 내 입속에 숟가락을 넣어주지 않는다. 내가 직접 숟가락을 들고 땅을 파서라도 먹을 것을 찾아내야 한다.

이 시기를 견뎌내고 안정적인 수익구조가 만들어지면 회사에 다닐 때와는 정반대로 시간은 내 편이 된다. 사업이 성장하고 은퇴에 대한 두려움도 사라진다. 그때가 될 때까지 자전거를 타듯이 계속 페달을 밟아야 한다.

아무것도 하지 않아도 월 1,000만 원이 들어오는 날, 우리는 비로소 일에서 해방되어 진정한 자유를 얻을 것이다.

내 방식의
재테크

돈을 모으기로 결심했을 때 가장 먼저 하는 일이 뭘까? 은행에서 적금 통장을 만드는 것이다. 첫 월급을 타고 처음 적금을 들 때는 통장에 1억 원이라는 숫자가 찍히는 꿈을 꾼다. 언제가 될지 모르지만 그 정도 모으면 내 집 마련을 하리라 결심한다. 하지만 인생에는 변수가 많다. 꾸준히 적금을 들기 힘든 상황이 생긴다. 이직으로 공백이 생기면 적금을 들 돈이 없다. 심지어 적금을 깨야 하는 순간도 있다.

저축도 재테크 중에 하나다. 가장 안전하게 자산을 불려나가는 방법으로 저축만 한 게 없다. 절대 원금을 잃을 일이 없기 때문이다. 하지만 지금 은행이자는 1%를 넘기도 힘든 수준이다. 세금 우대니 카드 혜택 등을 모두 합해도 1%가 조금 넘는 정도다. 월 100만 원씩 1년짜리 적금을 든다 한들 이자 수익은 10만 원 남짓이다. 종잣돈을 마련하기 위해서는 저축을 할 수밖에 없다. 하지만 제로 금리를 향해 가는 지금은 종잣돈도 투자 수익률로 불려야 한다.

사람들은 왜 재테크를 할까? 자산을 좀 더 빨리, 좀 더 많이 불리기 위해서다. 인플레이션(화폐가치가 하락하면서 물가가 지속적으로 오르는 현상)이라는 도둑에게 내 돈을 빼앗기지 않으려면 물가상승률 이상의 수익을 꾸준히 올려야 한다. 그래서 원금을 잃을 위험이 있더라도 수익률이 높은 주식투자를 한다. 떨어질 때 사서 오르면 판다는 전략이다. 부동산도 사고파는 시점을 잘 잡으면 1억 이상의 시세 차익을 노려볼 수 있다. 저축해서 모으려면 5년에서 10년은 걸리는 돈이다.

하지만 부동산 투자에서 무리하게 시세 차익을 노리면 문제가 발생한다. 경기가 하락해서 집값이 떨어지면 어떻게 할 도리가 없다. 부동산은 자금 규모가 커서 팔기도 쉽지 않다. 대출까지 받아서 쏟아부은 돈이 그대로 묶여버린다. 주식도 마찬가지다. 싸게 사서 비싸게 판다고 하지만 전문가가 아닌 한 그 시점을 잡기 힘들다.

시세 차익을 노리는 투자는 재테크가 아닌 비즈니스 영역이다. 주식을 100원에 사서 1,000원에 파는 것이나, 휴대폰을 50만 원에 사서 100만 원에 파는 것이나, 지우개를 10원에 사서 100원에 파는 것과 같다. 생산과 거래가 이루어지는 비즈니스다.

재테크는 자산을 축적하는 데 있어서 창이 아니라 방패와 같은 역할을 한다. 돈을 버는 수단이 아니라 장사나 사업으로 번 돈을 지키는 방편이다. 왜냐하면 경기 호황이 지속되지는 않기 때문이다. 부동산이든 주식이든 호황과 불황이 교차해서 나타난다. 재테크는 호황보다 불황을 대비하는 것이다. 불황에 재테크가 성행하는 것도 그 때문이다.

요즘 많은 사람들이 재테크를 창처럼 쓰려고 한다. 방패를 창으로 휘두르다 보면 위험한 순간에 자신을 방어하지 못하고 상대의 공격에 노출되고 만다. 내 자산을 잘 지켜내기 위해서는 골고루 분배해야 한다.

경기 침체기에 더 잘 되는 불황형 사업은 경기 호황일 때가 리스크다. 전반적인 경기는 호황이지만 내 사업은 소외된다. 그렇다면 내가 방패로 삼아야 할 것은 경제가 호황일 때 수익률이 올라가는 상품이다. 반대로 경기가 좋을 때만 동반 상승하고 불황에는 아주 취약한 사업이라면 달러를 보유하는 것이 좋다.

　이처럼 재테크는 내 삶의 리스크를 제거하는 방패로서 구성해나가는 것이 효과적이다. 집을 짓기 위해서는 땅을 먼저 고르고 토대를 다진 다음 기둥을 세워야 한다. 그처럼 재테크로 기반을 닦아놓으면 경기 불황에도 잘 버틸 수 있다.

내가 절약하는
이유

현대자동차 더 뉴그랜저 광고가 떠오른다. 취업할 생각은 하지 않고 유튜브만 하던 아들이 그랜저를 몰고 온 것을 보고 어머니는 "성공한겨"라며 춤을 춘다. 퇴사하고 자기 사업을 하는 박 차장이 타고 온 그랜저를 보고 동료들은 부러워한다. 20~30대가 4,000만 원이 넘는 고급 세단을 몰고 다니니 나름 성공했다고 할 수 있다.

BMW나 벤츠 같은 고급 외제차를 보면 한 달에 얼마를 벌어야 저런 차를 탈 수 있을까 궁금하다. 이런 차들은 월 유지비가 60만~70만 원 정도 들지 않을까? 게다가 차값을 할부로 한다면 월 200만 원은 거뜬히 나갈 것이다. 웬만한 사람의 연봉이다. 자산관리사들은 월 수익의 30%를 적정한 차량 유지비라고 본다. 월급쟁이라면 연봉 1억은 되어야 외제차를 굴릴 만하다는 것이다.

돈을 많이 벌면 과시하고 싶게 마련이다. 소비는 일종의 본능이다. 그동안 열심히 일한 것에 대한 보상 심리도 작용한다. 주위 사람들에게 성공했다는 것을 인정받으려는 욕구도 있다. 사업하면서 온갖 멸시와 우려를 받았으니 부러움의 눈길을 온몸으로 느끼고 싶다.

월 1,000만 원 이상 수익을 올릴 때 내가 타고 다니던 차는 국산 경차 레이였다. 우리나라에서 경차를 끌고 다니면 어떤 대접을 받는지 대충 짐작할 것이다. 한번은 차를 끌고 오프라인 매장으로 가고 있는데 버스가 막무가내로 머리를 들이밀었다. 거의 부딪치기 직전이었다. '차가 작아서 못 봤나' 싶어서 경적을 울렸더니 버스 기사가 창문을 열고 욕을 퍼부었다.

도로에서 한바탕 실랑이를 벌이고 곧장 달려간 곳이 BMW 대리점이었다. '차알못'(차에 대해 잘 알지 못하는 사람)인 나는 한 달에 100만 원 정도 할부금을 내고 레이만큼 짐을 실을 수 있는 차를 추천해달라고 했다. 그렇게 해서 산 것이 3GT(3시리즈 그란투리스모)였다. 짐을 싣는 용도로 쓰면 경비 처리가 가능했다. 다만 부가세 환급이 안 된다는 것을 미처 몰랐다. 충동적으로 구매하다 보니 꼼꼼히 알아보지 못했다.

그 차를 샀을 때 주변에서 왈가왈부 말이 많았다. "벤츠를 사지 그랬냐", "가솔린 차를 사지, 왜 디젤 차를 샀냐", "더 많이 할인받을 수 있는데 왜 그 가격에 샀냐" 등등. 그야말로 BMW를 플렉스 해버렸으니 이것저것 따질 필요도 없었다. 그 일이 없었다면 지금도 레이를 타고 다녔을 것이다.

충분히 돈을 버는데도 잘 쓰지 않는 이유는 언제든 사업이 어려워질 수 있기 때문이다. 사업이 영원히 성장할 수도, 영원히 돈을 벌 수도 없다. 유튜브 채널 구독자 수가 예상보다 훨씬 더 많아지기는 했지만 언젠가는 지금의 인기도 식을 것이다. 당장 내일이 될 수도 있다.

한 달에 1,700만~2,000만 원 정도 나오는 카드 대금은 대부분 배송용 박스와 뽁뽁이(포장용 완충재)를 사는 비용이다. 네이버페이 카드를 쓰면 사용 금액의 1%를 포인트로 적립해준다. 아내에게 받아서 쓰는 용돈은 한 달에 80만 원이다. 그렇게 쌓인 포인트와 남은 용돈으로 테스트 제품을 사서 새로운 사업을 계속 시도한다. 그러고도 남은 돈으로 1년 만기 예금이나 적금을 넣는다.

1년 동안 적금을 부으면서 금융이나 실물경제, 재테크, 마케팅 등에 대해 공부하고 연구한다. 그렇게 얻은 지식을 바탕으로 기회를 찾아 모은 돈으로 시도해본다. 1년 동안 공부하면서 아무런 기회를 찾지 못했다면 반성하는 시간을 갖는다. '고작 몇 퍼센트 되지도 않는 은행이자를 받기 위해 적금을 넣은 것이 아니다. 왜 더 치열하게 수익의 기회를 발견하지 못했는가?'

투자하지 못한 돈은 다시 예금을 들고 1년 동안 수익의 기회를 찾기 위해 노력한다. 기회를 찾지 못하면 만기에 얼마 되지 않는 이자를 얻을 뿐이다. 나는 스스로 만족할 만큼 공부하지 않은 상태에서는 섣불리 새로운 분야에 진입하지 않는다.

돈은 그 자체로는 아무것도 아니다. 돈을 단순히 가지고 있기만 하면 아무런 일도 일어나지 않는다. 무언가를 시도하거나 수익을 낼 때 돈이 제 역할을 발휘한다. 돈은 목적을 이루기 위한 수단이다. 돈 자체를 모으는 것이 목적은 아니다. 돈의 가치를 인지하면 흥청망청 쓰지 않고 모으게 된다. 그래야만 자신의 인생에서 최고의 기회가 왔을 때 그 돈을 목적에 맞게 쓸 수 있다. 나는 아무것도 하지 않고 월 1,000만 원이 들어오는 수익구조를 만드는 것이 목표다. 그 목표를 이루려면 소비는 한참 뒤로 미뤄야 한다.

포기를
포기하는 법

의지력이 약한 사람에게는 의욕도 하루를 넘기기 힘들다. 나는 매일매일 사라지는 의욕을 붙잡기 위한 방법으로 컴퓨터 바탕화면에 목표를 한 문장씩 적었다. 대부분 돈, 그리고 돈을 버는 방법에 관한 것이었다. 다음 날이면 전날의 의지력은 싹 사라지고 도저히 이룰 수 없을 것 같다. 포기하고 싶은 생각이 더 강했지만 억지로 도전했다. 그렇게 나는 의지력을 붙잡고 하루하루 버텨나갔다.

명료한 답을 찾고도 시도하지 못한 이유는 목표의 부재에 있다. 목표가 없으면 일찍 일어나도 할 일이 없어서 다시 눕게 된다. 목표 없이는 행동을 지속할 수 없다. 사막에서 조난 당한 사람처럼 너무 힘들고 지치면 그냥 쓰러져 있고 싶다. 정신력과 체력의 한계를 느끼면서도 움직이는 사람은 오아시스가 어디에 있는지 아는 것이다. 나의 지도에는 오아시스가 없었다.

주사위를 던지면 1부터 6까지 임의의 숫자가 나온다. 단순히 주사위만 던진다면 아무런 의미가 없다. 주사위를 던지는 공간이 카지노라면 어떨까? 그 순간 매우 흥미로운 행동으로 변한다. 목표가 생기기 때문이다.

아침 일찍 일어나는 행동 자체로는 의미가 없다. 일찍 일어나는 목적이 있어야 한다. 공부도 마찬가지다. 왜 공부를 하는지 목적이 명확하지 않다면 금방 싫증이 난다.

목적을 세우고, 그것을 달성하기 위해 세부적인 행동들을 해나갈 때 지속 가능성이 생긴다. 그래야만 나의 행동을 타인과 비교하는 상대평가가 아니라 자신의 목표를 기준으로 한 절대평가가 가능하다. 절대평가를 바탕으로 다음 행동을 위한 전략을 세울 수 있다.

성공하는 데 필요한 요소로 강조하는 의지력, 열정, 행동력, 도전 정신은 목표를 향해 나아가기 위한 기술이다. 아무런 목적 없이 표류하듯 살아온 사람이 어느 날 갑자기 목표를 달성하기 위한 추진력을 낼 수 있을까? 이런 추진력과 행동력은 훈련을 통해 만들어진다. '접영으로 50m 왕복하기'라는 목표를 세웠다면 먼저 발차기와 숨 쉬는 법을 배워야 한다. 그다음에는 물의 저항을 줄이면서 앞으로 나아가는 법, 속도를 높이기 위한 유연성과 근력, 오래 버틸 수 있는 지구력 등을 키워야 한다. 이런 것들이 모여서 최종 목적지에 다다를 수 있다.

일론 머스크와 스티브 잡스, 워런 버핏 같은 세계적인 경영자들의 성공담은 많이 알려져 있다. 하지만 그들의 방식을 우리 같은 평범한 사람들이 따라 하기는 힘들다. 너무 높은 곳에 도달한 사람들의 이야기는 목표를 향해 나아가는 데 도움이 되기보다는 오히려 벽으로 작용한다. 소위 말하는 '넘사벽'(넘을 수 없는 차원의 벽)이다.

특히 소확행과 같은 '현재의 행복에 충실하라'는 메시지가 통용되는 시대에 열정, 끈기, 도전 정신을 이야기하면 별난 사람 취급받기 쉽다. 그러나 현실을 살아가는 우리는 안다. 돈이 전부는 아니지만 인생은 '돈확행'(돈이 확실한 행복을 보장한다)이라는 것을.

우리는 위대한 사람들처럼 힘든 환경에서도 끝까지 해내는 의지력과 추진력을 발휘하기 힘들다. 따라서 실행할 수 있는 환경을 만드는 것이 중요하다.

예를 들어 팔의 근력을 키우고 싶다고 하자. 상체 근력을 키우는 데는 턱걸이만 한 것이 없다. 하지만 지금 당장은 턱걸이 하나를 하기도 힘들다. 내 의지력이나 열정의 문제가 아니라 신체적인 능력이 안 되는 것이다. 이럴 때는 스스로 턱걸이를 할 수 있는 환경을 만들어야 한다. 일단 문틀에 고정하는 철봉을 설치해서 연습한다. 처음에는 풀업밴드나 의자를 받치고 하면서 조금씩 턱걸이 횟수를 늘려나간다.

의지력이 약하다고 지레 포기하거나 자책할 필요 없다. 우선 목적을 이루기 위한 실행 방법을 정한 다음 낮은 단계부터 차근차근 훈련해나가면 된다. 지금 당장 실행할 수 있는 가장 낮은 수준부터 시작하는 것이 중요하다.

처음에는 의자를 딛고서라도 턱걸이를 해보자. 턱걸이를 전혀 하지 못하는 사람이 지금 당장 받침대도 없이 10개를 하겠다고 나선다면 그다음에 따르는 것은 좌절뿐이다. 목표를 이루기 위해 실행하는 과정에서 위대한 사람들과 자신의 능력을 비교하는 것은 아무런 도움이 되지 않는다.

6

신사임당의

유튜브 성장

방정식

기회비용을 두려워하지 말고 무엇이든 시작하는 것이 중요하다.
어떤 방식이 나에게 맞을지는 해봐야 알 수 있다.

신사임당
탄생기

유튜브에서 '신사임당' 채널을 만들기 2~3년 전에 사진 잘 찍는 법에 대한 채널을 운영한 적이 있다. 포토그래퍼를 섭외해서 영상을 만들어 올렸는데 반응이 거의 없었다. 한마디로 망했다. 그다음 개설한 채널이 중학교 동창 3명과 함께 게임을 하면서 토크하는 콘셉트였다. 공을 많이 들였지만 역시나 조용히 묻혔다. 그때 같이 방송했던 친구들 중에 '창업다마고치'와 유튜버 '승우아빠'도 있었다. 승우아빠와는 '밥 먹고 해라'는 요리 콘텐츠를 같이 하기도 했다. 물론 그것도 망했다.

2018년 월드컵 기간에는 경제방송국에서 앵커를 했던 친구와 함께 축구 게임을 중계하는 방송도 했다. 결과는 역시나 망했다. 편집에 많은 공을 들였는데도 말이다. 연이어 실패하는 과정에서 깨달은 것이 하나 있었다. 고품질의 영상을 지속적으로 만들어내기가 쉽지 않다는 것이었다. 유튜브의 특성상 초기에는 아무런 보상이 없고 온전히 투자만 해야 한다. 이른바 자신을 갈아 넣어야 하는 것이다. 그러다 보면 재미로 시작한 유튜브가 재미가 없어진다.

그렇게 몇 개의 채널을 말아먹고 홈카페 채널도 만들었다. 인스타그램에서 홈카페가 유행한 것에 착안했다. 그것 역시 잘 안 됐다. 셀프 인테리어 콘텐츠가 핫하다고 해서 아내와 함께 시작했지만 그 또한 망했다.

"그냥 앉아서 지속 가능하게 운영할 수 있는 채널을 만들어야겠다." 그렇게 시작한 것이 지금의 신사임당 채널이고, 운 좋게도 구독자가 몰리면서 지금에 이르렀다. 부담 없이 편하게 시작하니 오히려 결과가 더 좋았다.

이런 히스토리를 모르는 사람들은 내가 처음부터 잘된 줄 안다. 나는 실패한 채널을 통해 얻은 교훈을 바탕으로 지금의 자리에 올 수 있었다. 물론 운도 좋았다.

예전에는 좋은 카메라와 조명으로 영상을 찍어야 한다고 생각했다. 하지만 신사임당 채널의 영상들은 휴대폰 카메라로 찍어서 올린 것이다. 유튜브 방송은 대부분 휴대폰으로 시청하기 때문에 고화질의 영상이 큰 의미가 없다.

너무 많은 것을 쏟아부으려고 하면 오히려 쉽게 지친다. 유튜브 영상은 생각보다 시각적인 요소가 크게 작용하지 않는다. 기본적인 화질로도 시청자들의 눈길을 끌기에 충분하고, 요즘은 휴대폰 카메라도 화질이 상당히 뛰어나다.

유튜브 방송을 준비한다면 처음부터 너무 많은 것을 갈아넣지 말고 최대한 가볍게 시도해보자. 채널이 성공할 때까지 지치지 않고 방송을 지속할 수 있는 환경을 만드는 것이 가장 중요하다. 처음부터 '영끌'(영혼까지 끌어모아) 하면 금방 좌절한다. 그리고 구독자들의 악평에 휘둘리지 말고 자존감을 높여라.

감정을
타기팅하라

유튜브에 '신사임당' 채널을 개설하고 한 달 반쯤 되었을 때 구독자 4만 5,000명을 달성했다. 매우 결과론적이지만, '신사임당' 채널이 비교적 빠른 성장을 할 수 있었던 것은 타기팅 targeting을 잘했기 때문이라는 생각이 든다. 타깃에 맞는 콘텐츠를 기획하고 연출한 것이다. 보통 쇼핑몰이나 마케팅에서 말하는 타기팅은 연령대나 성별, 사용 기기, 직업, 접속 시간 같은 양적 변수에 맞추는 것이다. 이른바 빅데이터를 활용하는 방식이다.

눈에 보이는 빅데이터가 아닌 사람의 감정에 타기팅을 한다면 어떨까? '감정에 타기팅을 하는 것이야말로 인간이 알파고를 이길 수 있는 방법이 아닐까?' 내가 지금 느끼고 있는 감정, 지금 이 시대를 장악하고 있는 감정들 말이다. 내가 만든 콘텐츠가 이런 감정적 수요를 충족하는 것이다.

인간의 감정은 무척이나 다양하다. 그중에 어떤 감정을 타기팅해서 어떤 메시지를 던질지, 콘텐츠 기획 단계부터 연출에 이르기까지 충분히 반영돼야 한다. 예를 들어 '여캠'(여성 인터넷 방송인이 캠을 켠 채로 토크나 노래, 춤 등을 보여주는 방송)이라고 하면 일종의 설렘 같은 감정을 전략적으로 타기팅하는 것이다.

모든 고객을 만족시킬 수 있는 상품이 없는 것처럼 모든 시청자층을 만족시킬 수 있는 영상은 없다. 다만 많은 사람들이 느끼는 주류적 감정인지, 아니면 비주류적 감정인지에 따라 콘텐츠에 공감하는 사람들의 수가 달라진다. 이것은 유튜브를 비롯한 소셜미디어에 콘텐츠를 올릴 때 우선적으로 고려해야 할 사항이다. 어떤 장비로 어떻게 찍어서 편집하느냐는 그다음 문제다. 영상의 화질이나 구도가 좋아야 구독자 수가 늘어나는 것은 아니다. 화질이 좋지 않고 편집이 조악해도 시청자들에게 어필하는 콘텐츠가 있다.

대부분의 사람들이 저지르는 실수는 영상을 만드는 기술에 집착하는 것이다. 편집 기술이나 화질은 별로 중요하지 않다. 한 선배가 이런 얘기를 해준 적이 있다.

"《영화의 이해》라는 책을 보면 그런 말이 나와. 편집은 가위와 풀만 있으면 할 수 있는 것이라고……."

영상의 저변에 깔려 있는 연출과 기획 의도가 사실상 모든 부분을 결정한다는 뜻이다. 연출과 기획 의도가 잡히면 카메라 움직임이나 오디오 환경, 조명, 출연자는 자연스럽게 정해진다. 콘텐츠의 타기팅과 기획이 명확하게 정해지면 부차적인 요소들은 맞춰가게 되어 있다.

채널을 성장시키는 방법을 담은 유튜브 영상들은 대부분 부차적인 부분들을 다루고 있다. 정작 중요한 연출과 기획은 간과하는 것이다. 상품을 판매할 때도 마찬가지다. 수요층을 먼저 추정한 다음 아이템을 정하고 그에 맞춰 촬영 장비나 장소, 출연자 등을 정하는 것이다.

'창업다마고치'는 회사 생활을 하거나 혼자 사업을 하면서 느꼈던 감정을 타깃으로 정했다. '누군가 나를 도와주면 좋겠다'는 것이었다. '손을 내밀 곳이 없어 막막한 감정을 어떻게 보여줄 것인가?' '그 감정을 공유하려면 어떻게 해야 할까?' 여기에 초점을 맞췄다. 그런 감정들을 타깃으로 잡고 나면 어떤 인물이 필요하고, 어떻게 연출해야 시청자들이 동질

감을 느끼는지 머릿속에 그려진다. 비즈니스라는 카테고리 안에서 채널이 성장하려면 어떤 전략을 취해야 할지 알 수 있는 것이다.

기본적으로 비즈니스는 감정보다 이성에 좌우되는 영역이다. 하지만 이성적인 정보만 담아서는 생명력을 가질 수 없다. 살아 숨 쉬고 확대 재생산되기 위해서는 감정이 담겨야 한다. 처음 타깃으로 정한 감정의 폭이 너무 좁다면, 거기에서 파생되는 복합적인 감정들로 확장해나가야 한다.

우울함이라는 감정을 타기팅했다면, 그 우울함 속에서 느껴지는 좌절이나 불안감, 희망 같은 감정들로 가지를 뻗어 나가는 것이다. 그런 식으로 확장된 감정들이 공감을 얻기 시작하면 사람들의 심장을 뛰게 할 수 있다. 사람들의 심장을 뛰게 하지 못하는 콘텐츠는 단순 정보에 그치고 만다. 내가 생각하는 좋은 콘텐츠란 바로 감정이 담겨 있는 것이다.

채널을 키우는
방식

처음 '신사임당' 채널을 개설했을 때는 온라인 쇼핑몰과 똑같다고 생각했다. 키워드나 검색 로직을 찾아내려고 애썼지만 성과는 미미했다. 다른 채널의 인기 영상들을 분석해본 결과 검색 유입보다 추천 영상을 통한 유입이 더 많다는 것을 알게 됐다. 키워드나 메타데이터를 타깃으로 하는 '검색엔진 최적화SEO' 방식은 유튜브에 적합하지 않다고 생각했다.

그러나 구독자가 너무 적은 채널은 유튜브가 추천해주지 않는다. 따라서 초반에 취할 수 있는 전략은 첫 번째, 검색 트래픽을 끌어오는 것이다. 그중에서도 적극적인 검색자를 타깃으로 삼아야 한다. 1페이지에서 얻은 정보에 만족하지 않고 그다음 페이지까지 조회하는, 특정 검색어에 대한 로열티가 높은 층이다.

검색량이 높은 검색어는 최근 바이럴이 활발히 이뤄지고 있는 콘텐츠에서 추출할 수 있다. 이런 검색어 추출은 포털 뉴스 1~10위, 도서 베스트셀러 1~10위, 유튜브 1~10위 등 바이럴 상위 콘텐츠에서 이루어져야 한다. 왜냐하면 초반에 우리는 아직 바이럴을 만들 수 있는 단계가 아니기 때문이다. 다른 바이럴의 파도를 타야 한다. 제목과 섬네일에 바이럴을 반영하는 것이다.

우리가 만든 채널의 콘텐츠는 검색어 1페이지에 올라가지 않는다는 것을 기정사실화해야 한다. 3~4번째 페이지에 있는 콘텐츠는 처음 보는 이야기여야 한다. 예를 들어 BTS 키워드에 대해 로열티가 있는 사용자를 타깃으로 한다고 했을 때 '그동안 아무도 다루지 않았던 BTS에 대한 이야기' 이런 식이어야 한다.

처음 시작하는 채널은 검색 유저 중에서도 1페이지를 보는 사람을 타깃으로 하면 안 된다. 그래서 1등 바이럴을 타는 콘텐츠와 똑같은 섬네일과 제목으로 하면 아무도 보지 않는다. 내 콘텐츠가 3페이지 이하에 노출된다는 점을 인지한다면 당연히 이런 전략을 쓸 수밖에 없을 것이다.

두 번째는 강제 확장 전략이다. 강제 확장 콘텐츠는 무조건 찾아서 보는 콘텐츠를 말한다. 예를 들어 본인의 이름과 출신 고등학교 이름이 나오는 콘텐츠를 보지 않을 사람이 있을까? 타기팅이 정확한 제목으로 만들어진 콘텐츠이기 때문에 클릭률이 매우 높다. 이 아이디어에서 착안한 방식이 바로 기업 홍보실을 타깃으로 하는 것이다.

기업 홍보실의 업무는 조간신문 전체를 모니터링하고 모든 온라인 기사를 최신순으로 모니터링하는 것이다. 지금 조회수가 10회도 나오지 않는다면, 어떤 기업명이나 구체적 제품과 관련된 내용의 콘텐츠를 만들어보자. 최소한 그 기업의 홍보실과 유관 부서의 직원이 조회수를 올려줄 것이다. 그렇게 만들어진 10회 정도의 조회수도 초반에는 유효하다. 그렇게 강제로 소규모 바이럴을 만드는 것이다.

기업을 대상으로 한다면 비판적인 내용보다 긍정적인 내용이 좋다. 왜냐하면 기업의 신규 제품 마케팅 등을 다룬 긍정적인 콘텐츠가 자생적으로 유튜브에 업로드되는 경우는 거의 없기 때문이다. 실제로 기업이나 제품을 소재로 하는 콘텐츠는 비판적 기조를 보인다. 그러므로 긍정적인 콘텐츠는 홍보실의 KPI(핵심성과지표)에 부합하기 때문에 내부 보고나 특이 동향 등으로 다른 사람에게 공유될 가능성이 비교적 높다.

콘텐츠의 외부 공유 빈도가 양질의 콘텐츠를 판단하는 요소일 확률이 매우 높다(왜냐하면 공유 기능은 유튜브 영상재생 영역 바로 아래 있는 '좋아요' '싫어요' 버튼과 같은 위치에 노출될 정도로 유튜브에서 밀어주고 싶어 하는 기능이기 때문이다). 낮은 조회수에서 상대적으로 많은 공유 빈도를 만들어낸다면 초기 성장에 도움이 된다. 물론 나중에는 이런 방식도 별 소용이 없다. 결국 유튜브는 검색 기반 유입보다 추천 기반 유입이 훨씬 큰 매체이기 때문이다. 그러나 조회수 10~20회가 아쉬운 초반에는 유용하다.

세 번째는 내가 올리는 영상을 2가지 타이밍으로 구성하는 것이다. 유튜브 가이드 영상을 보면 일반적으로 초반 10초에 모든 것이 결정된다고 한다. 내가 올린 영상의 평균 시청 시간이 50초라고 가정하면 모든 것을 쏟아부어야 할 타이밍은 10초가 아니라 40초 후반대다. 40초에 핵심적인 내용을 터뜨려야 평균 시청 시간을 늘릴 수 있다는 것이다. 마치 로켓이 하늘로 올라가다가 기본 연료만으로 힘이 부족할 때 추가 부스터를 켜는 것과 같은 원리다. 그렇게 추진 동력을 얻으면 시청 지속 시간이 50%를 넘어선다.

물론 내가 세운 가설이 확실하게 검증된 것은 아니다. 내 방식대로 한다고 해서 잘된다는 보장도 없다. 그저 나는 이런 식으로 하고 있다는 것을 공유할 뿐이다. 유튜브가 잘되는 노하우 같은 것은 없다고 했던 이유도 나만의 방식들이 순전히 '뇌피셜'(객관적인 근거 없는 자신만의 추측이나 주장)이기 때문이다.

내가 80만 유튜버가 될 수 있었던 건 운이 좋았기 때문이다. 그래서 잘되는 노하우 같은 것은 없다고 말한다. 다만 내가 노력한 것이 있다면 한 영상을 업로드하기 전에 열 번 이상 보고 또 보면서 편집하고, 아이디어를 실천으로 옮겼다는 점이다. 나를 보고 '유튜버가 돼볼까?'라는 생각이 든다면 일단 실행해보라. 어쩌면 나보다 훨씬 유명한 유튜버가 될 수 있을 것이다.

기회비용을
머릿속에서 지우자

"유튜브로 돈 많이 번다던데 한번 해볼까? 내가 아는 사람은 짬짬이 동영상 찍어서 올렸는데, 월급 이상 들어온대."

이렇게 말하면 주위 사람들은 이런 말을 할 것이다.

"유튜브 할 시간에 편의점 알바를 하면 더 많이 번다."

"유튜브도 한물갔어. 개나 소나 다 한다고. 게다가 동영상 하나 올리는데 하루 종일 매달려야 해."

유튜브로 돈을 못 번다고 해서 그들이 남는 시간에 편의점 아르바이트를 하고 있을까? 집에서 누워 TV를 보거나 잠을 자거나 게임을 하고 있을 확률이 더 높다.

유튜브로 돈 버는 법에 대한 콘텐츠를 시작하면서 지금 유튜브나 쇼핑몰 사업을 시작해도 되겠냐는 질문을 많이 받는다. 내가 그것을 알 수는 없다. 정답이 없기 때문이다. 돈 버는 방법에 '최고의 가성비'라는 것은 없다.

기업을 예로 들어보자. 2006년 구글은 유튜브를 인수할 때만 해도 명확한 수익 기반이 없어 2009년까지 적자를 봤지만 지금은 상상도 할 수 없을 만큼 높은 매출을 올리고 있다. 휴대폰 세계 1위 기업이었던 노키아는 스마트폰 투자를 늦게 시작해 결국 핵심이었던 모바일 사업을 매각하는 실패를 경험했다.

유튜브를 시작하는 A방안과 편의점 아르바이트를 하는 B방안 사이에 선택의 기로가 생긴다. 누군가에게는 유튜브를 하는 것이 맞고, 누군가에게는 편의점 아르바이트를 하는 것이 맞다. 모든 사람들이 유튜브를 해서 월급 이상의 돈을 버는 것도 아니다. 편의점 아르바이트를 하더라도 번 돈을 차곡차곡 저축한다거나 종잣돈을 모아 투자를 하면 큰돈을 벌 수 있다.

문제는 많은 사람들이 생각만 할 뿐 어떤 선택도 하지 않는다는 것이다. 아무런 선택을 하지 않는다면 기회비용 자체가 생기지 않는다. A와 B 2가지 투자 방안이 있는데 A를 선택함으로써 B를 잃게 된다면 그 B가 바로 기회비용이다. 첫 번째 선택이 있어야 잃어버리는 선택이 존재한다. 사람들은 생기지도 않은 기회비용에 지레 겁먹고 선택을 남에게 떠넘긴다. 최악의 선택이라도 해야 기회비용이 생긴다는 점을 명심하자.

돈을 벌고 싶다면 기회비용을 생각하지 말아야 한다. 내가 투입하는 노동력이나 자본 대비 수익률을 전혀 모르는 상태에서 남에게 성공 가능성을 물어보는 것은 바보 같은 짓이다. 내가 무엇을 잘할 수 있는지 자신이 가장 잘 안다. 그런 식으로 시간을 낭비하는 것 자체가 이미 기회비용을 까먹고 있는 셈이다. 최악의 선택을 함으로써 날리는 기회비용보다 아무것도 하지 않았을 때의 기회비용이 더 크다. 내 인생을 남이 대신 살아줄 수 없듯이 선택도 내가 해야 한다.

돈을 버는 방법은 수없이 많지만 최고의 방법이란 없다. 어떤 방법이 성공할지는 아무도 모른다. 한 가지 확실한 것은 아무것도 하지 않으면 돈을 벌 수 없다는 것이다.

돈을 못 버는 이유는 돈을 벌 수 있는 일을 하지 않기 때문이다. "유튜버는 너무 많아", "스마트스토어에 수만 가지 제품이 올라오는데, 그중에서 살아남기가 쉽겠어", "부동산은 정점을 찍어 이제 내리막이래", 이런 생각을 하면서 흘려보낸 시간은 다시 돌아오지 않는다.

내가 아무것도 하지 않는 동안 누군가는 시도해서 성공한 이야기가 계속 들려온다. 그런 이야기가 아주 특별한 사람들에게 떨어진 행운이라고 생각하는가? 편하게 돈을 벌 수 있는 일이 존재할까? 편하게 돈을 벌 수 있는데도 그 많은 사람들이 힘들게 노력하는 것일까?

자신이 돈을 버는 방법은 스스로 찾아야 한다. 성공한 사람들의 강의를 듣고, 책을 읽고, 유튜브로 검색하며 방향을 잡을 수는 있다. 하지만 시도하지 않으면 자기 것이 될 수 없다. 사람의 성향이 제각각이듯이 돈을 버는 방법도 같아 보이지만 실제로는 적용하는 방식이 다르다.

기회비용을 두려워하지 말고 무엇이든 시작하는 것이 중요하다. 어떤 방식이 나에게 맞을지는 해봐야 알 수 있다. 그래야 판단 기준이 생기고 돈 버는 방법도 알게 된다.

당신만의 길을
걸어라

나는 거창한 목표나 대의명분을 가지고 유튜브를 시작한 게 아니었다. 그런데 뜻하지 않게 유튜브 채널 구독자가 급속도로 늘어나면서 몇 가지 문제점들이 발생했다. 첫 번째는 악플이 많이 달린다는 것이었다. 악플을 보고 기분이 좋을 리 없다. 심지어 영상을 내리라고 하는 사람들도 있었다.

두 번째는 '신사임당'을 무조건적으로 믿는 사람들이 생겨났다는 것이다. 나는 궁금한 것이 있으면 메일로 보내달라고 한다. 그러면 구구절절 사연을 적어 보내는 사람들이 많다. 자신이 모은 돈을 전부 맡길 테니 일대일 컨설팅 및 코칭을 해달라는 사람들도 있다. 월 수익 100만 원 이상 낼 수 있다는 내 영상을 보고 인생의 궤도를 온라인 쇼핑몰 사업으로 바꾸겠다고 하는 사람도 많다. 이런 식으로 갑자기 인생을 바꿀 정도로 타인을 맹목적으로 신뢰하는 것은 굉장히 위험한 행동이다.

지금 이 글이나 내 유튜브를 본다고 해서 성공이 보장되는 것은 아니다. 여러 가지 경로를 통해 얻은 아이디어와 방식들을 직접 시도해보면서 경험을 쌓고 노하우를 체득해야 한다. 내 이야기를 무조건 믿으면 안 된다. 자신과 맞지 않다고 판단되는 부분들은 걸러내고 필요한 것만 취사선택해야 한다. 자신의 인생은 스스로 책임지고 만들어가야 한다. 그 누구도 대신 살아주거나 책임질 수 없다.

흔들리되 뽑히지 않는 잡초처럼

유튜브 방송을 시작하고 후회한 적이 많다. 초반에는 유튜브 방송이 금전적으로 큰 도움이 되기는커녕 오히려 정신적인 스트레스가 많았다. '현타'(현실 자각 타임, 세상일이 다 허무하게 느껴지는 순간)가 오는 순간 '아무리 하고 싶은 일이라지만 욕을 먹으면서까지 해야 되나' 하는 생각이 들었다.

'내가 왜 이걸 하고 있지? 무슨 미련이 남아서 이 채널을 없애지 못하는 걸까?'라는 생각이 머릿속을 계속 맴돌았다. 마음속 응어리는 쉽게 풀어지지 않았다. 그러다 '체인지그라운드'와 '신박사TV' 채널을 운영하는 신영준 박사를 만나게 되었다. 그 당시 내 채널은 아주 작았고, 나는 사기꾼이라는 오명까지 쓰고 있었다. '실제로 사업을 하지도 않는 사람'이라느니, '창업다마고치의 매출이 조작되었다'는 말도 안 되는 저격 영상들이 유튜브 곳곳을 채우고 있었다. 그때 거의 유일하게 나를 믿어줬던 사람이 신영준 박사다. 나에게 만나자고 메일을 보내왔고, 그날 나는 유튜브를 통해 알게 된 사람 중에는 처음으로 그에게 사업구조와 현황 그리고 매출과 세금 문제를 낱낱이 이야기했다. 내가 사기꾼으로 몰리고 있는 상황이었지만 그는 아랑곳하지 않고 나와 만난 사진을 인스타그램에 올리고 대형 유튜브 채널에 공개했다.

그날의 상담 이후로 내 삶의 방향성을 바꾸기로 했다. 그동안 추상적으로만 생각해왔던 부분들을 구체화해서 확률적으로 생각하게 되었다. 이런 식으로 구체화한 개념들이 나 자신을 안티프래질antifragile('깨지기 어렵다'는 의미로 《블랙 스완Black Swan》의 저자 나심 니콜라스 탈레브가 2012년 출간한 책의 제목)한 방향으로 이끌어주었다.

앞에서도 여러 번 언급했듯이 나는 기본적으로 굉장히 프래질fragile(부서지기 쉬운)한 사람이다. 이른바 유리 멘탈(유리처럼 깨지기 쉬운 마음)이다. 그런 취약점들을 극복하기 위한 전략을 세우고, 프래질한 부분들은 이득이 있더라도 제거하고, 그렇지 않은 부분은 단기적으로 손실이 있더라도 투자했다.

유튜브를 통해 좋은 사람들을 알게 되고, 내 삶의 방향을 다 잡게 되면서 유튜브를 하길 정말 잘했다는 생각이 들었다. 유튜브 방송을 하면서 찾아온 위기들도 결국 삶의 기회가 되었다. 실제로 나는 유튜브 방송을 한 뒤부터 멘탈이 점점 좋아지고 있다. 사업이든 가족 관계든 모든 면에서 예전보다 좀 더 단단해졌다.

단단함이란 외부의 충격을 버텨내는 것이 아니다. 그 충격을 흡수해서 더 강해지는 것이다. 태풍을 맞아 온전히 버티고 서 있는 거목보다는 흔들리지만 땅에 박혀 버티는 잡초처럼 유연한 삶을 꾸려나가고 싶다.

오늘도 나는 부의 서행차선을 달린다

내가 처음부터 지금의 여유를 가지고 있었던 것은 아니다. 오래된 빌라 지하방에서 살던 시절이 불과 6년 전이다. 직장 생활을 계속했다면 지금의 신사임당은 없을 것이다.

부자 되는 법에 대한 책들이 시중에 많이 나와 있다. '부의 추월차선'으로 갈 수 있다면 얼마나 좋겠는가? 그러나 평범한 두뇌와 체력과 여유 자금이 없는 사람은 힘들다. 나도 그런 현실에 좌절하고 포기하려다 내 아이만은 적어도 나보다는 좀 더 잘 살게 해주고 싶어서 공부도 하고 아등바등 사오천만 원을 모아 부동산에 투자해 월세 40만~50만 원을 받고 스마트스토어 사업을 시작했다.

이 책은 지극히 평범한 사람이 회사를 뛰쳐나와 돈을 번 이야기다. 적은 종잣돈으로 사업을 시작하는 법, 열정 없고 소심한 사람이 돈 버는 법, 실패해도 다시 일어서는 법 등이 담겨 있다. 내가 유튜브를 하는 이유도 지하방에서 탈출해 스마트스토어 사업가이자 80만 유튜버가 되기까지 나름의 경험과 노하우가 많은 사람들에게 도움이 되기를 바라서다.

그러나 지금 당장 부자가 되는 방법을 알려줄 수는 없다. 40년 일찍, 30대에 은퇴해서 돈을 벌지 않아도 될 만큼 빨리 부자가 되는 방법은 알지 못한다.

평범한 사람들이 어느 날 갑자기 부자가 되는 법칙 50가지를 알았다고 해서 돈이 저절로 들어오는 구조를 만들고, 부의 추월차선을 달리는 것은 쉽지 않다. 부의 추월차선을 타면 사고가 날 확률도 높고, 자칫 큰 사고로 이어질 수 있다. 하지만 서행차선은 사고가 날 위험이 적고, 설령 사고가 나더라도 피해가 크지 않다.

이 정도 속도로 달리는 것은 누구나 할 수 있다. 부의 서행차선으로 가도 직장에 몸담고 있을 때보다 훨씬 많은 돈을 번다. 나는 2015년 처음 퇴사한 이후로 5년이 지난 이제서야 만족할 만한 수준의 이익을 얻고 있고, 여전히 부의 서행차선을 유지하고 있다. 이미 충분한 돈을 벌고 있는데 굳이 추월차선으로 넘어가 위험천만한 레이스를 펼치고 싶지 않다는 생각이 가득하다. 수많은 제안이 있었지만 여전히 그 세계는 두렵고 긴장된다. 나 같은 사람이 살 수 있는 세계가 아니라고 느껴진다.

물론 내가 말하는 방법이 정답일 수는 없다.

나는 돈 때문에 누군가와 싸우기도 했고, 울기도 했고, 소리 지르고 악다구니를 부린 적도 있다. 당신이 그랬듯 나도 그랬다. 지금은 많은 여유가 생겼다. 내가 그랬듯 당신도 할 수 있다.

KI신서 9163

KEEP GOING

1판 1쇄 발행 2020년 7월 22일
2판 4쇄 발행 2024년 10월 31일

지은이 주언규
펴낸이 김영곤
펴낸곳 (주)북이십일 21세기북스

표지디자인 design S **본문디자인** 박선향
출판마케팅팀 한충희 남정한 나은경 최명열 한경화
출판영업팀 변유경 김영남 강경남 최유성 전연우 황성진 권채영 김도연
제작팀 이영민 권경민

출판등록 2000년 5월 6일 제406-2003-061호
주소 (10881) 경기도 파주시 회동길 201 (문발동)
대표전화 031-955-2100 **팩스** 031-955-2151 **이메일** book21@book21.co.kr

(주)북이십일 경계를 허무는 콘텐츠 리더

21세기북스 채널에서 도서 정보와 다양한 영상자료, 이벤트를 만나세요!

페이스북 facebook.com/jiinpill21   **포스트** post.naver.com/21c_editors
인스타그램 instagram.com/jiinpill21   **홈페이지** www.book21.com
유튜브 www.youtube.com/book21pub

서울대 **가**지 않아도 들을 수 있는 **명강**의! 〈서가명강〉
유튜브, 네이버, 팟캐스트에서 '서가명강'을 검색해보세요!